surpresas no caminho do *amor*

editora esperança

Patrick Reason

surpresas no caminho do *amor*

2ª edição

Curitiba/PR
Maio/2025

editora
esperança

Patrick Reason

Surpresas no caminho do amor

Direção executiva: Claudio Beckert Jr.
Coordenação editorial: Guilherme Kacham
Revisão: Guilherme Kacham e Josiane Zanon Moreschi
Capa: Endrik Silva
Diagramação: Josiane Zanon Moreschi

Dados Internacionais de Catalogação na Publicação (CIP)
Sueli Costa - Bibliotecária - CRB-8/5213
(SC Assessoria Editorial, SP, Brasil)

Reason, Patrick
Surpresas no caminho do amor / Patrick Reason. -- 2. ed. -- Curitiba, PR : Editora Evangélica Esperança, 2025.
248 p.
ISBN 978-85-7839-446-2
1. Testemunhos (Cristianismo). I. Título.
CDD- 248.5

Índices para catálogo sistemático:
1. Testemunhos : Cristianismo 248.5

Editora Evangélica Esperança
Rua Aviador Vicente Wolski, 353 - Bacacheri
CEP 82510-420 - Curitiba - PR
Fone: (41) 3022-3390
comercial@editoraesperanca.com.br
www.editoraesperanca.com.br

editora esperança

ASEC Associação de Editores Cristãos

"Este livro é a celebração de uma história que inspira e transforma! Nosso amigo Patrick completando 25 anos de trabalho no acolhimento conjunto de crianças e adolescentes em vulnerabilidade. Uma vida inteira semeando amor, cuidado e dignidade a quem mais precisa. Ele não fala só de fé: ele vive a fé, com coragem, constância e muito coração.
Parabéns! É uma honra caminhar ao lado de pessoas que lutam pelos que mais precisam. Compartilhamos o mesmo sonho: um mundo no qual ninguém fique para trás e toda criança tenha voz, lugar e futuro."

Antonio Augusto e Marta Ortiz
Fundadores do Lar Infantil Sol Amigo e Cofundadores
da RIA — Rede de Instituições de Acolhimento
de Curitiba e Região Metropolitana.

"Há quem fale sobre o amor, e há quem o viva da forma como Jesus ensinou. Patrick está no segundo grupo. *Surpresas no caminho do amor* revela não só a sua trajetória, mas histórias entrelaçadas por sua vida. Tenho a honra de conhecê-lo e de ouvir relatos marcantes do seu dia a dia, mas nada se compara à profundidade das histórias deste livro — que nos convidam a refletir: o verdadeiro amor é o que transforma, acolhe e vai além dos laços de sangue."

Fátima Mottin
Sócia-fundadora da Katru Assessoria e
Consultoria em Gestão Pública.

"*Surpresas no caminho do amor*, de Patrick Reason, é uma leitura sensível e transformadora que nos conduz pelas inesperadas voltas da jornada afetiva com profundidade e leveza. Com uma escrita envolvente, o autor nos convida a refletir sobre as surpresas que o amor nos reserva, sejam elas de dor, de crescimento ou de beleza. Um livro que toca o coração e ilumina a alma. Ideal para quem busca viver o amor com mais verdade e coragem. Estou certo de que ao ler você se emocionará, assim como aconteceu comigo."

Rev. Dr. José Carlos Pezini
Presidente do Instituto SARA.

☙

"Emocionante. Inspirador. Vivências que comovem e movem. *Surpresas no caminho do amor* conta de forma linda e honesta o amor eficiente de Deus na vida de Patrick e Iara. Eles o experimentaram na medida em que se dispuseram a agir. Com compaixão levaram emancipação e vida digna para pessoas sofridas. Amigo, animador e articulador de ações em rede, o autor nos traz uma percepção sistêmica de problemas e engajamento sábio para superá-los. O Encontro com Deus se torna restaurador em Jesus. Se não fecharmos as entranhas, esse amor eficiente permanecerá conosco (1Jo 3.17)."

Werner Fuchs
Pastor luterano e co-fundador da
Rede Evangélica Paranaense de Ação Social.

☙

"Uma narrativa de amor, esperança, fé, visão e do imenso e infalível coração de Deus pelas famílias.
Tendo acompanhado de longe e, em alguns momentos, tendo tido o privilégio de caminhar de perto com aqueles da ECD, Patrick, Iara, a equipe, as mães e as crianças têm sido uma inspiração e uma bênção inestimáveis na minha vida.
Tenho certeza de que serão para você também, nesta edição revisada que celebra 25 anos."

Dra. Helen Gedge
Ludoterapeuta.

☙

"Quando o amigo Patrick me convidou para endossar seu livro, me senti tão privilegiada e feliz que as lágrimas correram soltas. Mal sabia eu o que iria encontrar, e que choraria novamente. Pude conhecer sua trajetória e da sua esposa, Iara, visitar suas histórias de vida, desafios e superações pessoais e espirituais. Dei-me conta de que Patrick, com sua fé e perseverança, construiu uma nova igreja e a Casa Lar e, também uma maneira gentil e vigorosa de nos unir em torno da consolidação do Movimento Nacional Pró-Convivência Familiar e Comunitária.
Nesta instância do trabalho social e político, nos ensinou a persistir com humildade, sem perder a fé de que alcançaríamos o propósito. Aprendi com ele que o amor supera as barreiras da incompreensão humana e que o legado mais relevante são as relações afetivamente construídas, como pilares para transformar vidas e comunidades. Gratidão, amigo, pelas *Surpresas no caminho do amor*."

Dayse Cesar Franco Bernardi

Presidente da Associação de Pesquisadores e Formadores da Área da Criança e do Adolescente — NECA.

"*Surpresas no caminho do amor* é um relato de fé, vivo, visceral, contundente e extraordinário, a história de corações que se unem entre si e com o coração de Deus, extrapolando a sua experiência para alcançar vidas amadas pelo Pai, invadindo as políticas públicas e inspirando muitas outras histórias, naquela que talvez seja a mais nobre das missões: oportunizar que crianças cresçam saudáveis e seguras na companhia das suas mães. Um carinho para nossas almas, que nos enche de esperança e fé.

Mauricio Cunha

Fundador do Centro de Assistência e Desenvolvimento Integral — CADI.

“Digo que conheço Patrick Reason há vários anos, mas ao ler seu livro percebi que não o conhecia de verdade. Seu testemunho escrito sobre como ele encontrou Deus e teve sua trajetória de vida transformada é realmente impressionante.
Fiquei profundamente tocado por um dos valores que sua mãe lhe transmitiu: ‘Justiça não pode ser apenas uma ideia; ela precisa ser vivida na prática’. Patrick e sua esposa estão fazendo exatamente isso — vivendo e trabalhando com alguns dos grupos mais vulneráveis e explorados — mães jovens — com a visão de liderar pelo exemplo e mostrar a elas o amor de Cristo em ação.

Mick Pease
Palestrante internacional e Fundador Strengthening
Families and Children — SFAC.

ଔ

“Esta nova edição de *Surpresas no caminho do amor* reafirma o compromisso do querido Patrick Reason com a efetivação do direito à convivência familiar e comunitária. Secretário do MNPCFC de 2017 a 2021, Patrick compartilha vivências, os desafios e as conquistas ao longo de sua caminhada na formulação e implementação dessas políticas públicas, oferecendo ao leitor caminhos possíveis para fortalecer redes, afetos e políticas mais humanas e comprometidas com o cuidado integral de crianças e adolescentes.”

Fernanda Flaviana de Souza Martins
Secretária Executiva do Movimento Nacional
Pró-Convivência Familiar e Comunitária.

ଔ

“Não me lembro ao certo em que ano conheci Patrick, mas me lembro perfeitamente de minha surpresa e admiração em ver um inglês naturalizado brasileiro envolvido em políticas publicas, em especial no conselho de assistência social . Fiquei admirado por seu conhecimento das políticas na área da assistência social e seu poder de articulação e bom trânsito para além do mundo da igreja. Anos mais tarde tive o prazer de ir a Curitiba e visitar uma casa que abrigava crianças em situação de vulnerabilidade. Que trabalho fantástico, até hoje guardo no coração uma foto que tirei pulando corda com uma criança abrigada na casa. Encontrar Patrick nos encontros RENAS ou outros espaços é sempre uma alegria e inspiração para a minha vida, pois ele transpira fé, justiça e amor pelo Reino de Deus. Oro para que o testemunho relatado em *Surpresas no caminho do amor* possa tocar profundamente as pessoas que lerem assim como fui tocado pela vida do Patrick, seu ministério e o livro agora revisado."

Welinton Pereira da Silva
Pastor Metodista e adiretor de
Relações Institucionais da Visão Mundial.

"Caminhar com meu amigo Patrick na ECD e nas redes, como em RENAS, é aprender com sua fé viva, sua escuta generosa e seu compromisso com os mais vulneráveis. Este livro é extensão do que ele vive: amor que acolhe, fé que enfrenta a dor e esperança que se renova em rede. Uma história que me inspira diariamente."

Charles M. Renner
Diretor Administrativo da Associação Beneficente Encontro
com Deus e Secretário Executivo de RENAS.

"Com sensibilidade e profundidade, Patrick Reason narra a trajetória da criação de uma instituição voltada à proteção de direitos e defesa da dignidade dos mais vulneráveis, revelando como ações alinhadas com a missão de Deus podem resultar na transformação integral do ser humano. Este livro oferece uma contribuição valiosa para quem estuda ou atua nas áreas de justiça social, teologia prática e cuidado comunitário. Uma leitura instigante e inspiradora. Recomendo com alegria!"

Bebeto Araújo
Diretor da Missão Aliança Noruega no Brasil.

"A nós, apenas cabe — e resta — render graças a Deus, com o coração transbordante de gratidão, pelo imenso privilégio de sermos partícipes de sua obra e de seus insondáveis desígnios. A ele pertence toda honra, toda glória e todo louvor, pois 'dele, por ele e para ele são todas as coisas'. A ele, portanto, seja a glória para todo o sempre! (Rm 11.36)."

Iara J. de Messias-Reason
Esposa e co-fundadora da
Associação Beneficente Encontro com Deus.

"O endosso de um livro deve ser curto, mas duas coisas vale dizer. Patrick e Iara nos contam como se encontraram e como vivem: com amor, fidelidade e compromisso. Precioso! Vocacionados pelo Reino de Deus, eles vivem o que Patrick aprendeu com sua mãe: o amor e a justiça. Vivem igreja e servem, acolhendo mulheres e crianças vulneráveis, como destaca. Mas dizem mais: junto ao acolhimento é necessário buscar por políticas públicas que possibilitem a transformação e a reintegração dessas pessoas na sociedade. Obrigado, Patrick e Iara, pelo testemunho de vocês."

Valdir Steuernagel
Embaixador da Visão Mundial e da Aliança Evangélica,
pastor, professor, conferencista internacional e escritor.

Sumário

Dedicatória

À minha esposa, Iara: por meio de Deus, você me concedeu tudo isso, o sentido da minha vida e praticamente tudo o que sou. Seu povo se tornou meu povo, sua língua se tornou minha língua, e nossa história se tornou referência para muitas pessoas e uma aventura inimaginável. Sou eternamente grato a você e a amo profundamente, meu amor.

Aos meus filhos, David e Emily: tenho orgulho de ser seu pai. Obrigado por me acompanharem neste caminho. Memórias intensas e preciosas. Suas contribuições crescentes nessas histórias contadas aqui são incontestáveis. Thanks for everything. Love you both massively.

Ao meu pai e à minha mãe: mesmo que partes deste livro recordem tempos muito difíceis, essas lembranças dolorosas servem para revelar a profundidade do nosso amor, que valorizo ainda mais agora. Vocês são referência para mim em tudo.

À Amy, ao Ben e às irmãs Adola e Nechama: pela ajuda preciosa e pelo encorajamento com a publicação da primeira versão do livro.

Aos irmãos Gerhard e Werner: que apoiaram a publicação da primeira versão deste livro em português. Sonhamos juntos com o fortalecimento do Reino de Deus no Brasil e com a efetividade da RENAS e REPAS na luta pelos menos favorecidos da nossa sociedade.

Ao pastor Walter, ao pastor Cláudio, ao Guilherme e a todos da Editora Esperança: pelo carinho e exemplo de profissionalismo na publicação deste livro.

Aos irmãos e irmãs da igreja Encontro com Deus e aos pastores Leandro, Diogo, Rogério, Isael e Adailton, suas famílias e líderes: tenho aprendido muito mais com vocês e sua fé do que podem sequer imaginar. Amo muito vocês.

Aos funcionários ativos e do passado, diretores (em especial Charles e Ale), voluntários e parceiros da sociedade civil e do poder público, nos 25 anos da Associação Beneficente Encontro com Deus: tem sido uma honra caminhar com vocês. Obrigado por tornarem todo sonho em realidade e se dedicarem tanto às famílias atendidas em nossos serviços.

Às mães e crianças acolhidas nestes 25 anos: por sua coragem e garra em não desistirem uns dos outros, ensinando-nos todos os dias sobre a importância da convivência familiar, da cultura, da dignidade — e do valor de uma boa risada! Foi um privilégio e uma grande riqueza ter conhecido e batalhado ao lado e por vocês. Os mesmos desejos estendem-se às famílias, crianças e adolescentes da comunidade Cajuru. Vocês colorem nossos dias.

Aos membros e amigos de redes parceiras, como as Redes Evangélicas Paranaense e Nacional de Ação Social (REPAS e RENAS), a Rede de Instituições de Acolhimento da Região Metropolitana de Curitiba (RIA), o Movimento Nacional Pró-Convivência Familiar e Comunitária (MNPCFC) e a Federação Internacional de Comunidades Educativas (FICE): pela aprendizagem e pelas amizades forjadas pelo Brasil e pelo mundo afora em prol de uma sociedade mais justa e do fortalecimento das famílias e comunidades.

Patrick Reason

Prefácio editorial

Em 2024 reavaliamos o livro "Surpresas no caminho do amor", lançado em 2003. Ligamos para o autor, Patrick Reason, para retomar o contato, saber quais eram as novidades na Igreja e no Projeto Social e também qual era sua expectativa quanto ao livro — se havia, por exemplo, necessidade de uma reimpressão. De nossa parte, pensamos em revitalizar a capa e atualizar a diagramação, pois as primeiras histórias continuam marcantes.

Porém, na ligação telefônica, a alegria na voz do autor nos animou imediatamente. Claramente Deus estava começando algo a partir daquele momento. O interesse de Patrick era compartilhar novas histórias e nosso contato chegou justamente em um momento em que seu coração estava aquecido, pensando nisso.

Marcamos uma reunião presencial na Editora Esperança e a boa conversa, acompanhada de um bom café, foi contagiante: ouvimos atentos, entre risos e lágrimas, nosso irmão e amigo contar um pequeno resumo dos acontecimentos destes vinte anos, desde aquela primeira edição. E então sabíamos que esta história precisava ser recontada, pois, conforme nossa própria missão como casa publicadora, ela dá testemunho da esperança viva em Jesus Cristo.

Recentemente, com humildade, o autor compartilhou seu receio de ser visto como um "super-homem", diante desses relatos de redenção e salvação que ele e sua equipe protagonizaram. Dissemos a ele — e escrevemos agora para você, leitor

— que o que os próximos capítulos mostram é a ação de Deus, atento ao drama humano presente em tantas histórias entrecortadas, difíceis e tristes na cidade à nossa volta. Este livro não mostra "super-homens". Ele mostra como o Senhor é poderoso e interessado em realizar sua missão de misericórdia, por meio de cada um de nós.

No Evangelho de Marcos 5.21-43, lemos sobre Jesus operando dois milagres. O cenário apresentado é de um líder de uma sinagoga local, Jairo, uma figura muito importante e estratégica socialmente, que foi ao Mestre porque sua filha havia morrido. Comovido pelo clamor daquele pai, Cristo decidiu ir até a menina, mas, no caminho, uma multidão de pessoas humildes e desesperadas veio ao seu encontro em busca de seu olhar, cura ou de uma palavra sua. Entre eles havia uma mulher que sofria muito porque estava doente havia doze anos e não encontrava cura. Havia gastado seus recursos, tornando-se vulnerável e rejeitada pelo seu próprio povo. No entanto, ela ouviu falar de Jesus. Ela poderia ter ficado com medo de se frustrar novamente. Mas, mesmo temendo ser punida — pois a lei judaica proibia uma mulher com fluxo de sangue de tocar em outras pessoas —, ela, em uma última gota de esperança, tocou o Senhor. Mesmo em meio a tantas pessoas, ele a notou, assim como ainda hoje ele continua notando e restaurando aqueles que o buscam. Depois, Jesus chegou à casa de Jairo e trouxe sua filha novamente à vida, movido por profunda compaixão.

De um modo semelhante a este relato bíblico, você encontrará neste livro histórias tocantes de mulheres e crianças, em meio a realidades de dores e desesperança, mas que, por meio de encontros improváveis, foram acolhidas, tiveram sua dignidade restaurada e também experimentaram "milagres".

Ao ler esta nova edição, revisada e ampliada, de *Surpresas no caminho do amor*, sugerimos que você, leitor, reserve um tempo sem outros compromissos, para que possa seguir cada capítulo sem interrupções, como nós também seguimos o trabalho de edição, sem parar, cativados pelo autor. E mais uma sugestão: presenteie exemplares deste livro, promova sua leitura em grupos, compartilhe com amigos e familiares, para que mais pessoas conheçam exemplos do que Deus tem feito através de homens e mulheres que se dispõem a servi-lo.

Guilherme Kacham (Editor) e equipe da Editora Esperança.

Prefácio

Em 1998 tive o primeiro contato com Patrick Reason. Foi inusitado pela hora e o local: perto das 2h da madrugada e em pleno voo, voltando de Londres para o Brasil. Patrick estava acompanhado de Iara, sua esposa, e estava iniciando as suas atividades ministeriais em Curitiba. Durante todos esses quase 30 anos, a nossa amizade foi crescendo, tornando-se intensa e passamos de conhecidos para amigos e companheiros nas ações humanitárias de fazer o bem para pessoas em situação de fragilidade social.

Esta nova edição do livro *Surpresas do caminho do amor*, faz parte das celebrações de 25 anos de atividades da ECD — Encontro com Deus, Organização da Sociedade Civil — OSC, fundada por Patrick e Iara para ser um sinal do Reino de Deus em meio ao caos social na periferia de Curitiba. Sou testemunha de que durante todos esses anos a ECD tem cumprido sua missão e sua visão de promover transformação integral para crianças e adolescentes, famílias e pessoas que são acolhidas e atendidas pela organização.

Tem sido prazeroso caminhar na jornada do amor junto com Patrick, Iara e toda a liderança da ECD, vendo as surpresas que surgem no caminho de fazer o bem, como Jesus fez e nos manda fazer. Conhecer, ouvir e ler as histórias contadas, vendo a alegria estampada nos sorrisos de quem teve a sua vida ressignificada a partir das intervenções e ações cheias de compaixão e amor, é vivenciar a manifestação do amor e bondade do Reino de Deus nesses 25 anos de Encontro com Deus — ECD.

Patrick nasceu na Inglaterra e teve a sua vivência familiar fortalecida pela fé, com conflitos e testemunho de perdão e acolhimento nos relacionamentos familiares como parte da sua experiência pessoal com Deus. Graduou-se em Engenharia e iniciou a sua carreira profissional bem-sucedida na Alemanha. Foi neste momento de sua vida que aconteceu uma reviravolta inesperada: Patrick abriu mão dos seus planos e conheceu a brasileira Iara, que mais tarde seria sua esposa e companheira ministerial.

As surpresas do caminho do amor trouxeram o jovem casal para o Brasil e eles iniciaram a Casa Lar, onde famílias eram acolhidas e histórias de mulheres grávidas marcaram este início exitoso de atendimento e proteção, como o nascimento de Vitória, que evidencia a bênção de Deus na vida de uma mãe marcada por quedas e fracassos, mas, visitada pelo céu, inaugurou um tempo de vida plena e digna.

Por outro lado, para Patrick e Iara escreverem toda essa história não foi simples e fácil, mas uma jornada desafiadora e repleta de surpresas. Os milagres de Deus realizados por fé e providência envolveram pessoas, que a partir da fé, confiança e generosidade, participaram dos desafios que surgiam.

Celebrar os 25 anos da Organização Encontro com Deus — ECD é celebrar as bênçãos do Senhor sobre a vida dos meus queridos amigos e irmãos pastores Patrick e Iara. Ver como ainda hoje Deus responde às orações, estabelece rotas para os seus filhos e os levanta para serem sinais do Reino de Deus na terra e para escreverem as *Surpresas do caminho do amor*.

Tércio Sá Freire de Oliveira

Pastor, diretor de Programas Sociais da Associação Casa e cofundador da RENAS.

Introdução

A gratidão não apenas nos faz lembrar do passado com um novo olhar, mas também nos abre para um futuro cheio de surpresas de Deus.[1]
Henri Nouwen

Quando recebi o convite da Editora Esperança para revisitar e atualizar este livro, senti um misto de surpresa e gratidão. Publicado originalmente em 2005, *Surpresas no Caminho do Amor* era, na época, um relato sincero e vivo de uma jornada que eu ainda não sabia exatamente para onde me levaria. Agora, vinte anos depois, a releitura dessas histórias me trouxe a consciência do quão longe chegamos. Este não é apenas um livro reeditado, mas uma obra ampliada e renovada, que reflete os aprendizados, desafios e alegrias que surgiram ao longo dos anos.

A proposta de revisão deste livro chega em um momento significativo: o ano das bodas de prata da Associação Beneficente Encontro com Deus. Vinte e cinco anos de uma caminhada que começou com um ideal e que se tornou uma referência no acolhimento de mulheres e crianças em situação de vulnerabilidade. Ao longo desse tempo, passamos por desafios inesperados e vitórias surpreendentes e uma progressão que jamais poderíamos ter previsto.

1 NOUWEN, Henri J. M. *Life of the Beloved: Spiritual Living in a Secular World.* (Nova York: Crossroad Publishing, 1992.)

Refletindo sobre essa jornada, percebo que há um fio condutor que sempre esteve presente: o ensinamento de minha mãe. Seu exemplo de justiça, empatia e cuidado com o outro foi a base da minha formação e, de muitas maneiras, moldou minha vocação. Minha mãe não apenas falava sobre amor e justiça, ela vivia isso. Desde pequeno, aprendi que o bem-estar do outro deve ser considerado antes do nosso próprio conforto, e que a justiça não pode ser apenas uma ideia bonita — ela precisa ser vivida na prática.

Ao revisitar este livro, eu me dei conta de que minha experiência positiva com ela está no cerne do meu desejo de que todas as crianças, sempre que possível, possam ter essa mesma experiência: o amor e a presença de uma mãe.

Nestes vinte e cinco anos, o que antes parecia um pequeno projeto cresceu para se tornar uma referência jurídica, institucional e humana. Fomos chamados a desempenhar papéis que nunca imaginávamos: como modelo legislativo e técnico e, talvez o mais desafiador de todos, de referência afetiva e de pertencimento para muitas pessoas. Tivemos que nos preparar para oferecer não apenas um abrigo físico, mas também um lugar de acolhimento verdadeiro.

Cada história relatada aqui traz consigo o peso e a beleza desse compromisso. É um privilégio olhar para trás e ver o impacto gerado, não apenas na vida das mulheres e crianças que acolhemos, mas também na nossa própria vida. Cada pessoa que passou por essa jornada deixou marcas, e muitas delas se tornaram parte da nossa história, ajudando a construir o que somos hoje.

Esta nova edição de *Surpresas no Caminho do Amor* é, acima de tudo, uma celebração. Uma celebração da caminhada, do aprendizado, das vidas transformadas e das mãos que se uniram para tornar este trabalho possível. Ao compartilhar essas histórias, meu desejo é que elas não sejam apenas memórias, mas também inspiração, pois o amor verdadeiro, aquele que transforma e restaura, nunca caminha sozinho. É um amor a ser vivido, compartilhado e multiplicado.

Parte I

AS PRIMEIRAS SURPRESAS DO AMOR

1

A mudança de Patrick Reason

Deus sussurra em nossos prazeres, fala em nossa consciência, mas grita em nossas dores: é o Seu megafone para despertar um mundo surdo.[2]
C. S. Lewis

Nasci em 1970, em Swindon, no oeste da Inglaterra, e sou o filho mais velho de três irmãos da família Reason. Meu nome é Patrick. Fui agraciado ao crescer em um lar cristão. Minha mãe tinha uma fé descomplicada e firme, e eu, ainda criança, nos anos 70, unia minha fé à dela. Nunca tive dificuldades para crer em Jesus. Frequentávamos a igreja e, pelo fato de meu pai servir na Força Aérea, minha experiência religiosa também refletia isso, pois muitas vezes íamos à igreja militar, que, via de regra, era anglicana.

2 LEWIS, C. S. *O Problema do Sofrimento.* (Rio de Janeiro/RJ: Thomas Nelson Brasil, 2013.)

Com a frequência à igreja e os ensinamentos de minha mãe, com quem eu tinha um vínculo profundo, cresci ouvindo falar de Jesus e o aceitei como Filho de Deus desde cedo.

Devido à carreira de meu pai, nossa família se mudava constantemente. Quando completei dez anos, já havia estudado em tantas escolas diferentes que meus pais decidiram que o melhor para mim seria um internato. Nesse período, eles se mudaram para a Alemanha, enquanto eu fui enviado para estudar em um internato na Inglaterra.

Frequentei, por cinco anos, uma das melhores escolas do país, St. Edward's School, ou "Teddys", fundada para preparar alunos para a Universidade de Oxford. Minhas experiências no internato foram muito boas: meus pais me escreviam semanalmente, o que me proporcionava um sentimento de segurança. Além disso, as férias eram longas, e minha mãe sempre fazia questão de tornar esses períodos especiais, valorizando ao máximo nosso tempo juntos. Mesmo estando longe, eu sabia que essa decisão não era motivada pela ausência de amor, mas por necessidade.

Tive uma vida escolar muito bem-sucedida, tanto acadêmica quanto socialmente, tornando-me, inclusive, representante estudantil principal do colégio. Conquistei sem dificuldades as notas necessárias para garantir um lugar na Brunel University, em Londres, onde estudei engenharia.

Durante esse período escolar, minha fé fazia parte ativa e contínua da minha vida. Eu participava regularmente de cultos e missas. No entanto, ao chegar à vida adulta, percebi que nunca havia aprendido a ler e compreender a Bíblia de forma profunda, nem a discernir a vontade de Deus para minhas decisões. Isso não acontecia por indiferença, mas por ignorância. A plena compreensão de Jesus e do significado de sua morte começou a fazer sentido para mim apenas aos 20 anos.

O único momento realmente marcante da minha vida de fé na adolescência ocorreu quando eu tinha 15 anos. Estava em um acampamento cristão com minha irmã, e todos os adolescentes foram convidados a aceitar o Senhor Jesus. Fiz isso com naturalidade, e minha irmã e eu dissemos "sim". A professora disse que nos lembraríamos desse dia pelo resto de nossas vidas, e, de fato, isso se confirmou.

A vida universitária na Brunel me levou a dar alguns passos na consolidação da minha fé. Participei de eventos cristãos, da ABU — Aliança Bíblica Universitária, e visitei algumas igrejas locais, muitas delas pentecostais e marcadas por forte avivamento. Recordo-me perfeitamente de ter perguntado a um líder de jovens por que Jesus teve que morrer, pois eu não compreendia o significado e o propósito de seu sacrifício redentor. Naquela ocasião, eu ainda não havia nascido de novo, nem nos anos seguintes. Quando completei 20 anos, obstáculos e circunstâncias em minha vida começaram a me afastar da fé, como se eu a tivesse abandonado.

Uma traição marcante

Em 1991, minha vida confortável e estruturada vida foi lançada em verdadeiro caos. Eu estava no terceiro ano da universidade e havia acabado de passar um semestre morando perto de Munique, no sul da Alemanha, fazendo um estágio em uma fábrica aeroespacial. Quando voltei para casa, percebi que as coisas entre meus pais haviam se tornado tensas. Meu pai estava tendo um romance com outra pessoa e, em seguida, disse que não amava mais minha mãe.

Não existe momento tranquilo para receber esse tipo de notícia, mas, por várias razões, pode ser ainda mais difícil quando já somos adultos, pois entendemos exatamente o que está acontecendo. Lembro-me de que, no dia seguinte ao anúncio do meu pai, olhei para ele e disse:

— Você acabou de mudar minha vida para sempre... Não sou mais a mesma pessoa que era ontem.

Minha mãe, durante esse período, demonstrou uma fé admirável, firme e perseverante. Em várias ocasiões, disse que sempre seria capaz de perdoar meu pai, caso ele decidisse voltar. Ela recebeu muita pressão social para mudar de ideia, mas permaneceu inabalável: afirmava que o amava e que ele estava destruindo não apenas a vida dela, mas a dele mesmo.

Ela me disse que tinha certeza de que, se continuasse com sua amante, um dia acordaria e perceberia que os problemas de relacionamento não seriam diferentes em um novo casamento. E, se isso nunca acontecesse, ela ainda poderia ter uma vida boa com amizades e família por perto. Mas, por amá-lo e desejar o melhor para ele, ela estaria disposta a recebê-lo de volta.

Ela buscou essa força em sua fé em Jesus. Afirmava que ela mesma era pecadora e que, assim como Jesus a perdoava, ela encontrava força em Deus para estender esse perdão ao marido.

Muitos acontecimentos se passaram, e, depois de pouco mais de um ano, meus pais estavam novamente juntos. Em determinado momento, meu pai me confessou que o relacionamento com a outra mulher não havia dado certo. Isso, no entanto, pouco serviu para aplacar a raiva que eu ainda carregava contra ele naquela época. Meu profundo desejo era que ele tivesse voltado porque amava minha mãe e a nós, seus filhos — e, principalmente, porque estivesse arrependido e desejasse recomeçar. Mas não foi o caso.

Ele retornou porque seu relacionamento extraconjugal fracassou. Mesmo assim, minha mãe decidiu recebê-lo novamente e estender o perdão, como um passo de confiança na reconstrução do relacionamento e na restauração da confiança mútua.

Reflexão a partir do passado dos anos

Quando escrevi este capítulo, esses acontecimentos ainda eram relativamente recentes. Hoje, mais de trinta anos depois, posso afirmar que meus pais viveram e ainda vivem uma vida em comum marcada por amor, amadurecimento e realizadora para ambos.

Na minha avaliação, até hoje meu pai não consegue se perdoar completamente pelo que aconteceu, mas, ao experimentar a graça perdoadora da minha mãe, mudou para melhor.

Ainda considero esse ato de perdão a maior expressão prática de fé que já vi em minha vida. A intensidade da traição e a determinação da minha mãe em oferecer perdão genuíno são de um valor inestimável.

Sou extremamente grato a Deus e à minha mãe pelos anos de superação e renovação que resultaram em um novo ciclo para o casamento deles. Graças a isso, pudemos viver momentos inesquecíveis como família, colecionando memórias e experiências preciosas.

É difícil expressar a profundidade do impacto que tudo isso teve sobre minha vida e minha visão de mundo. Vejo essa história como um milagre, algo raro e nada comum, mas que me ensina que o perdão é possível — se não sempre simples, ao menos uma realidade alcançável.

As consequências para a minha vida

Senti uma enorme sensação de traição. Eu havia crescido acreditando que meus pais eram felizes, sempre os via se beijando e de mãos dadas em público sempre que tinham oportunidade, e nunca os vi discutirem diante de nós. Aos olhos das outras pessoas — e dos nossos — eles sempre pareciam um casal perfeito e uma família sem problemas.

Com o tempo, percebi que, de acordo com a experiência da maioria das pessoas, minha infância foi, de fato, altamente privilegiada e estável. Tudo parecia ter corrido maravilhosamente bem até aquele momento.

A fé que procurei cultivar nos primeiros anos de faculdade, abandonei com amargura. Deliberadamente comecei a esculpir um caminho para mim o mais diferente possível do de meu pai.

Ele era uma pessoa conservadora e contida, que valorizava a ordem e a decência, algo que se manifestava em pequenas coisas, como o uso de sapatos polidos, terno e gravata aos domingos para ir à igreja — algo que ele, e por extensão, eu também tinha que fazer. Rebelei-me contra tudo aquilo que eu sabia que ele prezava.

Não queria seguir seus passos nem cometer os mesmos erros que ele cometeu. Assim, a primeira coisa que decidi foi deixar meu cabelo crescer. E o fiz literalmente. Meu cabelo cresceu, aproximei-me do pessoal do rock pesado, usei maconha, tive o máximo de namoradas que consegui, e vivi um estilo de vida de grande libertinagem. Minha narrativa comigo mesmo era: "Se eu fizer tudo isso agora, não terei necessidade de fazê-lo mais tarde, quando estiver casado ou já na meia-idade".

Depois de me formar e já com o cabelo mais curto (minha rebeldia sempre foi meio forçada!), fui trabalhar em uma empresa de engenharia norte-americana, com sede em High-Wycombe, a 40 km de Londres. Comecei no departamento de marketing e vendas, mas rapidamente fui crescendo dentro da empresa e logo me tornei gerente de vendas para a Europa Oriental, ganhando um excelente salário para minha idade, o que me proporcionou uma vida muito confortável e a oportunidade de viajar constantemente.

Enquanto estava na universidade, minha decisão de aprender alemão provou ser astuciosa, pois, alguns anos depois, minha empresa comprou uma filial alemã. Eu era um dos poucos dentro da companhia que falava alemão fluentemente e, como também tinha o conhecimento técnico necessário, comecei a trabalhar com os vendedores de campo na Alemanha.

Continuei viajando por toda a Europa Ocidental e Central, algo que, de fato, eu amava. Estava genuinamente feliz com meu trabalho e com todo o dinheiro que ele me trazia — isso sem mencionar o carro da empresa à minha disposição: um Audi zero quilômetro.

O vazio da vida aparentemente resolvida

Minha vida pessoal, no entanto, não era tão perfeita quanto parecia. Sentia-me descontente e sem um lar fixo. Cerca de um ano e meio após deixar a universidade, fui contatado por um amigo de infância chamado David Thomas. Deus o usou de forma extraordinária para me ajudar a reencontrar um rumo em minha caminhada pessoal.

David também era cristão, mas tinha uma espiritualidade muito mais profunda do que a média. Sua infância havia sido extremamente difícil: sua mãe o abandonou quando ele tinha apenas 12 anos, deixando-o sozinho com o pai. Quando nos reencontramos depois de tanto tempo, David também passava por um momento difícil. Ele lutava para conseguir um emprego na área de propaganda e marketing em Londres. Durante esse período de fragilidade, voltou à fé da infância, passou a ler a Bíblia novamente e buscava forças em Deus.

No nosso encontro, David percebeu que eu também não estava bem interiormente. Então, sugeriu que eu voltasse a frequentar a igreja com ele. Algo dentro de mim dizia que ele estava certo. Assim, resolvi acompanhá-lo a uma igreja localizada em uma área um tanto inesperada: nas proximidades de um restaurante fast-food, em Notting Hill Gate, Londres.

Passamos a nos encontrar todas as quartas-feiras à noite, com dois propósitos principais: primeiro, assistir ao culto de jovens no Kensington Temple, uma grande igreja pentecostal no Oeste de Londres; e segundo, sair depois para conversar. Afinal, depois do culto, havia excelentes pubs na região!

A retomada da minha fé

A essa altura eu já tinha 23 anos, estava muito consciente do meu sucesso profissional e, para ser honesto, carregava uma arrogância evidente por causa disso.! Assim, na primeira vez que fui à reunião de jovens no Kensington Temple, minhas atitudes foram completamente erradas. Olhei com desprezo para os jovens presentes, menosprezei o grupo de louvor e adotei uma postura de superioridade. Eu estava realmente muito distante de ser uma pessoa humilde.

No entanto, no final da reunião, fomos separados em pequenos grupos para um período de oração, e David e eu nos juntamos a mais três moças. Naquele momento, achávamos que éramos os rapazes mais atraentes da reunião, e, em nossa vaidade, parecia natural que aquelas três moças quisessem orar conosco! Porém, quando uma delas começou a orar por mim, senti algo diferente. Ela era uma moça da Irlanda do Norte, e suas palavras sacudiram meu interior.

Naquele instante, toda a raiva que eu ainda carregava pela traição do meu pai veio à tona. Então, ela orou:

— O Senhor está me dizendo que "Ele é o seu Pai".

Foi um golpe direto ao meu coração. O Senhor acertou o alvo de um modo que só ele sabe fazer.

Naquele momento, reconheci o quanto eu havia perdido a direção das coisas. Tinha apagado meu pai da minha história, carregando a dor da rejeição e a insegurança que isso causava. De repente, estava chorando no meio de todos aqueles jovens, e ali mesmo tomei a decisão de voltar para o Senhor Jesus.

Novos começos

Algumas semanas depois, aconteceu um grande encontro de jovens no salão metodista de Westminster, onde Colin Dye, pastor presidente do Kensington Temple, era o pregador da noite. David e eu decidimos ir até lá, mas sem grandes expectativas. Nós nos sentamos no alto da plateia, tentando passar despercebidos e, enquanto o culto acontecia, nos distraímos jogando "batalha naval" — nosso jogo particular de identificar a garota mais bonita dentro de um bloco de dez por dez metros da congregação. Estávamos ocupados avaliando tudo à nossa volta e prestando apenas meia atenção ao que estava sendo pregado.

Foi então que, no final da reunião, depois que muitas pessoas já tinham ido à frente para orar, Colin Dye apontou diretamente para nós e, quase como um trovão, perguntou:

— Quem são vocês dois?

David e eu ficamos sob os holofotes, sem entender o que estava acontecendo. Em seguida, Colin começou a dizer as coisas mais estranhas que eu já havia ouvido.

— Vocês são anjos? Eu já os vi antes em algum lugar.

David virou-se para mim e sussurrou:

— É isso!

Ao que meu pensamento imediatamente retrucou:

— É isso o quê?!

Então David, convicto, me disse:

— Deus está começando a trabalhar em nossas vidas.

Meio sem jeito, levantamo-nos e descemos as escadas para nos encontrar com Colin Dye. Ele fez algumas perguntas sobre quem éramos e o que fazíamos e, em seguida, simplesmente declarou:

— Londres precisa de vocês.

Uma reviravolta inesperada

Os acontecimentos que se seguiram foram simplesmente extraordinários. Naquele instante, não tínhamos a menor ideia do que estava prestes a acontecer, mas, quatro meses depois, um pregador alemão de renome internacional, Reinhard Bonnke, chegaria a Londres para pregar na Arena de Wembley.

O responsável pela campanha publicitária do evento sofreu um colapso nervoso e, de repente, David e eu fomos convidados a liderar a equipe de publicidade e promoção oficial daquele que prometia ser um dos maiores eventos evangelísticos da história de Londres. Tínhamos apenas três meses para desenvolver toda a campanha de marketing, incluindo outdoors, cartazes e anúncios que seriam espalhados por toda a cidade — até mesmo nos vagões do metrô!

Foi um projeto empolgante. David e eu unimos nossa criatividade e produzimos diversos slogans, entre eles: "Algumas pessoas andam quilômetros para ouvir este homem falar de Deus. Tudo o que você tem a fazer é ir até Wembley" e "Bonnke's about life!" ("Loucos" pela vida!")

Confesso que esse último slogan me ocorreu em um bar em Battersea, após alguns copos de cerveja!

Enquanto tudo isso acontecia, o pastor Colin Dye estava em uma viagem missionária na África, sem sequer imaginar o tamanho da responsabilidade que David e eu havíamos assumido. Então, em uma noite de outono, o telefone da minha casa tocou. Para minha grande surpresa, ouvi do outro lado da linha:

— Patrick, lembra-se de mim?

Era Colin Dye. Minha reação instantânea foi pensar: "Mas sou eu quem deveria dizer: 'Lembra-se de mim? Sou Patrick Reason!'"

Na época, o Kensington Temple já tinha mais de dois mil membros, então ser lembrado pelo pastor era algo inusitado. Colin explicou que, enquanto estava na África, sentiu um forte impulso de orar por mim e, por isso, havia ligado para saber como eu estava. Ele não tinha a menor ideia de que estávamos liderando a campanha para Reinhard Bonnke.

Maturidade espiritual e um novo olhar para o futuro

Nos três anos seguintes, minha vida espiritual ganhou uma nova seriedade. Passei a estudar a Bíblia com dedicação, desenvolvi uma rotina de oração e busquei compreender a vontade de Deus para minhas decisões e futuro.

Também me envolvi ativamente no Kensington Temple, onde: liderei grupos Alpha (um programa voltado a novos convertidos), toquei trompete na equipe de louvor e aprofundei meu relacionamento com Deus.

Durante esse período, Colin Dye continuou demonstrando um carinho especial por mim, o que foi um privilégio e uma grande influência na minha caminhada. Além disso, Deus trabalhou muito no meu caráter — especialmente na minha vida afetiva. Até então, eu era alguém constantemente envolvido na busca por novos relacionamentos, mas, aos poucos, comecei a enxergar esse tempo de solteiro como algo valioso, um período de preparação para o futuro. Eu não via mais o fato de estar solteiro como um problema. Pelo contrário, aprendi a valorizar esse tempo e a esperar a pessoa certa — uma mulher cristã com quem pudesse compartilhar minha vida. E assim, pela primeira vez, comecei a orar por isso com sinceridade.

Uma oportunidade de trabalho na Alemanha

À medida que meu compromisso com Deus crescia, ele continuava a me abençoar abundantemente no trabalho. Fui promovido a gerente de vendas para toda a região do Leste Europeu e, com muita graça divina, tive o privilégio de atingir o topo das vendas dentro de toda a empresa. Minha vida profissional estava em plena ascensão, e a empresa realmente depositava grande confiança em minhas habilidades.

Foi nesse momento de destaque que fui a primeira pessoa indicada quando a empresa decidiu enviar um novo gestor para morar e atuar na recém-adquirida filial em Ludwigshafen, na Alemanha. Após receber a proposta, orei intensamente sobre o assunto e, depois de várias confirmações no meu coração, senti uma paz profunda — aquela que somente Deus pode dar. Decidi, então, aceitar a oportunidade e ir para a Alemanha.

Abrindo mão de planos... ou assim eu pensava

Do ponto de vista humano, essa decisão parecia pôr fim a qualquer esperança de encontrar alguém. Eu sabia que, ao me mudar para a Alemanha, estaria muito longe da minha rede de amizades, deixando para trás a igreja cheia de pessoas jovens, meu apartamento compartilhado com amigos no agradável bairro de Fulham e a vida social ativa que havia construído em Londres. Em troca, viveria sozinho em um lugar onde não conhecia absolutamente ninguém.

As chances de conhecer alguém pareciam remotas. Mas, como sempre, os planos de Deus eram muito maiores do que os meus — porque foi justamente na Alemanha que conheci Iara, a mulher que se tornaria minha esposa.

Patrick e sua mãe em 1970.

Patrick e David no casamento do David em 1996.

2

O poderoso Deus entra na vida de Iara

Chame por mim e eu responderei; eu lhe anunciarei coisas grandes e ocultas, que você não conhece.
Jeremias 33.3

Infância e primeiros desafios

A infância de Iara contrasta profundamente com a minha. Nascida em uma grande família católica, sendo a caçula entre sete irmãos, ela cresceu em uma fazenda na região dos Campos Gerais, no Paraná, a aproximadamente quatro horas de carro de Curitiba. Seu pai, um fazendeiro que construiu um patrimônio considerável a partir do zero, manteve um padrão de vida simples e abriu mão dos confortos que sua prosperidade poderia ter proporcionado. Sua esposa, mãe de Iara e de seus seis irmãos, era uma empreendedora nata, sempre vendendo suas produções artesanais e trazendo recursos para o lar.

Quando Iara ainda era pequena, sua mãe sofreu um grave acidente que resultou em queimaduras profundas por todo o corpo, mantendo-a hospitalizada e acamada por três anos. Iara presenciou o acidente, e a visão de sua mãe queimada a marcou profundamente. Assim, iniciou uma vida instável, sendo criada por suas irmãs mais velhas, empregadas da fazenda e outros parentes. Para agradar aqueles que a hospedavam, Iara relata que tentava recompensá-los pelo trabalho em casa, descascando frutas até que suas mãos sangravam em mais de uma ocasião.

O crescimento e a jornada acadêmica

Iara aprendeu a entreter-se sozinha, passando o tempo subindo em árvores, comendo os frutos sentada nos galhos e inventando jogos. Anos mais tarde, após sua conversão, o Senhor a fez lembrar-se dessa época e lhe disse que sempre soube de seu grande sofrimento. Em certa ocasião, ele a lembrou dos momentos em que ela subia e se sentava nas árvores da fazenda da família, dizendo que aqueles galhos eram os seus braços, que a sustentavam. O Senhor transformou algumas das recordações mais dolorosas da vida de Iara, mostrando, por meio de seu amor curador, que sempre esteve ao seu lado. Ainda assim, recordar esses tempos não é fácil para ela.

Alguns aspectos do passado de Iara são bastante coloridos, mas ela raramente gosta de falar disso agora, preferindo contar o que o Senhor tem feito em sua vida atual. No entanto, existem alguns acontecimentos pitorescos ocorridos antes de sua conversão que merecem ser relatados. Ela foi abençoada com uma beleza ímpar e genuína e, durante a adolescência, participou de um concurso de beleza: a "Princesa da Soja"! Iara sempre foi muito dinâmica e cheia de energia, chegando a trabalhar por um ano como apresentadora de um programa infantil na televisão. Sem exagero, posso afirmar que Iara era — e continua sendo — maravilhosamente linda!

A carreira e o isolamento familiar

Ao completar 18 anos, Iara interessou-se mais seriamente pelos estudos e conseguiu ingressar na universidade, onde cursou Farmácia e Bioquímica, traçando um caminho totalmente novo para sua vida e deixando para trás seu passado doloroso. Mais tarde, candidatou-se a uma bolsa de estudos concedida pelo governo alemão, que lhe proporcionou a oportunidade de viajar para a Alemanha e realizar o doutorado em Imunologia. Ela obteve o título aos 24 anos, tornando-se a doutoranda mais jovem na faculdade de medicina de Lübeck, na Alemanha. Essa realização demonstra sua determinação e dedicação, somadas a um grande desejo de escapar das amarras do seu passado.

Após passar três anos na Alemanha, Iara retornou ao Brasil por um curto período antes de ir para Cincinnati, onde realizou um pós-doutorado estudando um tipo de verme parasita intestinal. Sua carreira decolou, e ela se tornou uma jovem extremamente bem-sucedida e altamente qualificada. Participou de conferências internacionais, jantou com ganhadores do Prêmio Nobel e recebia um salário que refletia seu sucesso. Optou conscientemente por se afastar da família e estabelecer-se em Curitiba, buscando deixar para trás algumas das memórias mais dolorosas.

A crise espiritual e o medo

Foi nesse período que eventos espirituais começaram a ocorrer em sua vida, embora inicialmente de forma nada agradável. Com alguns familiares envolvidos em práticas de misticismo, Iara relata que sua vida familiar entrou em profundo desequilíbrio, afetando-a profundamente. Sem saber o que estava acontecendo e sem forças para reagir, ela percebia que sua vida estava indo de mal a pior.

As mudanças foram dramáticas: ela não conseguia dormir à noite e começou a ver sombras movendo-se ao redor de seu quarto, levando-a a deixar a luz acesa durante a noite. Sempre que entrava no carro, sentia uma forte presença estranha que a impedia de controlar o volante, tentando fazê-la colidir com outros veículos. Após quase sofrer vários acidentes, decidiu parar de dirigir. Muitas vezes, ao caminhar, sentia uma força que a empurrava para debaixo de carros em movimento. Iara tinha consciência de que algo sobrenatural queria provocar sua morte, mas pensava: "Não quero morrer!"

Sentia-se desnorteada, desesperada e, em certos momentos, achava que estava enlouquecendo. No trabalho, não encontrou ajuda; ao contrário, seu isolamento aumentava, pois sabia que ninguém ali seria capaz de explicar o que ela estava vivenciando. Estava impaciente, nervosa, emocionalmente instável, mas não tinha a menor ideia de onde buscar socorro.

A busca por respostas e o chamado de Deus

Iara começou a se agarrar a tudo o que acreditava que poderia resolver o tormento em que estava envolvida. Conhecia todo tipo de ensinamento sobre a Nova Era, cantava mantras, fazia meditação com pirâmides e tentou terapia regressiva. Sem saber mais o que fazer, seguiu o conselho de algumas pessoas e resolveu procurar um centro espírita nos arredores de Curitiba. Lá, conversou com a responsável pelo trabalho naquele dia, que a recebeu de braços abertos e iniciou o processo de desfazer os feitiços que haviam sido lançados contra ela. Ofereceu a Iara um colar, dizendo que ele a protegeria de todo perigo. Aparentemente, o "mal" havia sido afastado; Iara voltou a dirigir e a dormir à noite, embora sua mente ainda estivesse muito conturbada.

Meses depois, Iara viajou novamente para a Alemanha em uma viagem de estudos. Viajar sempre foi uma de suas grandes paixões, e ela frequentemente ia à Europa. Pensou que, estando distante do Brasil e de tudo o que a rodeava, sentiria alívio de toda a opressão que a cercava nesses tempos. Desta vez, viajou usando o colar que havia recebido, confiante de que estava protegida e que, ao retornar, as circunstâncias teriam melhorado.

Para seu horror e surpresa, foi assaltada enquanto entrava na estação de trem em Berlim. Indignada, após o cordão do colar ser quebrado, determinou que, ao voltar para Curitiba, confrontaria a mulher que lhe dera o colar e pediria explicações. Profundamente irada e sentindo-se traída, percebeu que havia sido levada a acreditar em uma série de superstições.

Quando voltou a Curitiba, Iara foi diretamente ao encontro da mulher, que se recusou a recebê-la. Apesar de sua persistência, ela firmemente se negou a falar com Iara. Os braços abertos agora tinham desaparecido, assim como o tratamento preferencial e as calorosas boas-vindas que recebera no início. Enquanto aguardava, ainda tentando falar com ela, algo aconteceu que fez Iara mudar de direção e buscar outro caminho. Ela ouviu claramente uma voz dizendo ao seu ouvido: "Filha, este não é o seu lugar". Naquele instante, Iara decidiu que nunca mais colocaria os pés ali e sentiu convicção em seu coração de que aquele lugar não era de Deus.

A transformação e o propósito de Deus

Toda a situação de opressão, noites em claro e ataques estava se agravando naquele ponto. Iara ficava cada vez mais apavorada e desesperada para encontrar a saída para o que ela sabia ser espiritual, porém não conseguia compreender. Em seu desespero, ela resolveu clamar a Deus, dizendo: “Senhor Deus, se o Senhor realmente existir, eu não vou sair de Curitiba antes que o Senhor me mostre o seu caminho, porque eu, Iara, já tentei de tudo. Mas agora eu lhe peço que me mostre o caminho”. Sem saber, Iara fez algo ensinado pela Bíblia e reconheceu que, por suas próprias forças, nada faria. Ela se humilhou e, depois de tomar essa decisão, parou com todas as tentativas de escape e aguardou.

Um dia, no caminho de volta para casa, encontrou um cartão no chão de uma freira evangélica alemã, Basilea Schlink, com uma mensagem inspirada pela Bíblia. No cartão estava escrito: “O grande e Todo-Poderoso Deus gosta de fazer grandes obras também em tua vida”.

Iara sentiu-se profundamente tocada por essas palavras e colou a mensagem no seu espelho. Olhando para ela todas as manhãs, repetia em voz alta as palavras ali contidas. Gradativamente sua vida começou a melhorar.

Depois de algum tempo, ela encontrou uma prima que não via havia muitos anos. Enquanto conversavam à mesa, entre outras coisas, sua prima lhe contou que agora era cristã, e logo Iara começou a compartilhar suas lutas. A prima, com muita liberdade, começou a lhe explicar sobre o amor de Deus. Disse que Iara precisaria conhecer o Senhor Jesus e que só ele poderia libertá-la. Foi como se escamas caíssem de seus olhos, e a luz do Evangelho penetrou em sua vida.

A prima calmamente explicou que era necessário que Iara tivesse um encontro pessoal com Jesus, se quisesse experimentar seu poder em sua vida. Em seguida, levou Iara até o consultório de sua irmã, que não era apenas uma psicóloga renomada, mas também uma cristã madura.

Foi por intermédio dessa prima que Deus começou a ministrar paz ao coração de Iara. Finalmente, após uma longa procura, ela pôde compreender e saber que havia encontrado a verdadeira paz pela qual estava procurando. Iara entregou sua vida ao Senhor Jesus e nunca olhou para trás. A transformação foi estrondosa; ela ficou cheia de entusiasmo e de um amor tão intenso que começou a falar do Senhor onde quer que fosse. Iara compreendeu a grande diferença que Jesus havia feito em sua vida e decidiu falar do amor de Jesus em todo lugar possível, inclusive no seu ambiente de trabalho e até nas prisões. Foi algo realmente dramático, impetuoso e com pouco em comum com a conversão gradual de seu futuro marido.

Uma nova vida e um novo propósito

Logo após começar uma nova vida com o Senhor, Iara passou a pregar em várias igrejas, e sua prima a convidou para conhecer uma amiga em uma nova igreja chamada Encontro com Deus, onde o Espírito Santo a visitou de modo especial. Imediatamente, ela soube que era ali que deveria ficar. Começou então a cultivar uma forte relação de amizade espiritual com a esposa do pastor. Era uma igreja pequena, porém espiritualmente muito forte. Foi ali que Iara começou a crescer em sua fé e a se tornar mais profunda na medida em que frequentava os cultos regularmente.

Em certas ocasiões, sem ser induzida contra sua própria vontade, Iara chegou a ofertar quantias significativas em dinheiro à igreja, o que causou grande desgosto a seus familiares. Preocupados com a possibilidade de que estivesse sendo manipulada, certamente não estavam com má intenção, mas para Iara foi de grande significância e uma maneira de demonstrar sua gratidão a Deus.

Foi graças às suas doações que a igreja pôde iniciar um ousado projeto social: o orfanato. Iara vivia inteiramente para Deus. Ela estava plena de paixão e testemunhava sobre o poder de Deus sem reserva alguma. Presenciou muitos milagres, inclusive pessoas curadas de AIDS. Certa vez, ela orou por um homem com um braço deformado e relata que viu o braço do homem crescer diante de seus olhos. Foi um tempo de grande avivamento da Igreja Brasileira e Iara viveu isso com intensidade e muita fé.

A promessa de Deus se cumpre

Entretanto, algo entristecia Iara. Após cinco anos de conversão, ela já havia passado dos 30 anos e ainda não encontrara um marido. Recebera várias palavras proféticas sobre o encontro com seu futuro marido, e certa vez uma profeta mencionou que isso ocorreria no exterior. Logo após, certa noite ela sonhou que recebia uma subvenção para pesquisar e estudar na Alemanha, e no bilhete aéreo que viu no sonho, estranhamente, aparecia apenas a passagem de ida. Iara acordou e percebeu que era um sonho profético e que o bilhete apenas de ida significava que ela iria para permanecer lá. Seria assim que ela conheceria o marido tão aguardado?

Resumidamente, tudo o que sonhara se cumpriu. Dois meses depois, Iara se candidatou a uma subvenção para realizar um projeto de pesquisa na Alemanha. Ela recebeu um convite, contra todas as expectativas, sendo que o bilhete aéreo que lhe foi dado era exatamente como havia visto no sonho.

Assim, em 1995, Iara voou para a Alemanha certa de que o Senhor a estava levando ao encontro de seu marido. Nossos caminhos se entrelaçariam, e somente o Senhor poderia fazer isso acontecer. De fato, somente ele reuniria duas pessoas tão diferentes quanto nós.

Iara adolescente.

3

O encontro com a futura esposa na Alemanha

Mulher virtuosa, quem a achará?
O seu valor muito excede o de finas joias.
Provérbios 31.10

Um encontro orquestrado por Deus

Phil Driscoll é um trompetista norte-americano extraordinário, vencedor de um prêmio Grammy e três prêmios Dove, que fez sucesso nos anos 1990. Foi por causa de um de seus CDs, que eu ouvia em meu carro enquanto dirigia pelas ruas de uma zona industrial em Heidelberg procurando uma igreja, que Deus permitiu que nosso encontro acontecesse.

Naquele momento, eu já estava em Heidelberg havia uns cinco ou seis meses. Continuava me destacando no trabalho, com todas as minhas despesas pagas pela empresa, inclusive o aluguel, além de um salário substancial para minha idade, que conseguia guardar em minha conta na Inglaterra. Minha autoestima estava elevada. Apesar de trabalhar longas horas em um país estrangeiro, com pouca vida social, eu era surpreendentemente feliz no meu trabalho e na vida cotidiana.

Deus cuidava de mim e, como estava fazendo um curso bíblico por correspondência, investia tempo em aprender mais sobre a Bíblia e minha fé tornava-se cada vez mais firme. No entanto, faltava congregar em uma igreja. Havia feito algumas tentativas frustradas de encontrar uma igreja em Heidelberg, porém não me sentia em casa em qualquer uma delas.

Finalmente, alguém me recomendou uma comunidade chamada "Die Taube" (A Pomba), localizada no parque industrial de Heidelberg. Decidi ir até lá para conhecê-la. Em um domingo pela manhã, meu objetivo foi encontrar o caminho da comunidade, com um mapa nas mãos, dentro do meu Audi, do qual eu gostava bastante. A igreja tinha uma localização um pouco bizarra: ficava em cima de um barracão de fábrica de carpetes em uma região industrial da cidade. Assim, no domingo pela manhã realmente não se podia ver muitas pessoas pelas ruas.

Enquanto dirigia de um lado para o outro por ruas vazias, de repente percebi que estava perdido e precisava de uma direção. No mesmo domingo de manhã, Iara estava em um grande dilema se iria ou não à igreja. Ela sentiu que talvez devesse passar algum tempo com a senhora proprietária da casa onde ela estava como inquilina, uma vez que ela lhe havia convidado para um generoso café da manhã alemão. Iara, porém, decidiu que a melhor coisa a fazer era ir à igreja. Assim, saiu até o ponto de ônibus e orou ao Senhor, dizendo: "Senhor, se o ônibus passar nos próximos dez minutos, eu irei à igreja; caso contrário, volto para tomar o meu café da manhã alemão". Em um minuto apareceu o primeiro ônibus. Iara não teve dúvidas e subiu imediatamente.

Uma conexão inesperada

Enquanto eu dirigia, já bastante perdido, vi um ponto de ônibus com algumas pessoas descendo segurando suas Bíblias nas mãos. Sendo indício de que eu estava próximo à igreja, resolvi então abaixar o vidro do meu carro e pedir informações àquelas pessoas. Uma senhora polonesa muito educada disse que seriam aproximadamente dez minutos de caminhada, mas, como ela e a amiga brasileira também estavam indo para a igreja, ofereci uma carona comigo.

Iara sentou-se no banco de trás do carro, e o som de Phil Driscoll estava tocando. Sem eu saber, Iara havia se tornado fã de Phil Driscoll recentemente, uma vez que uma semana antes de sua ida para a Alemanha ele havia se apresentado em uma conferência no Rio de Janeiro. Iara chegou a passar os últimos dias na Alemanha tentando, sem sucesso, conseguir alguns de seus CDs.

Nosso encontro havia sido marcado nos céus. Iara e eu "tivemos" que trocar endereços para que lhe passasse uma cópia do CD. Foi um bate-papo descontraído, e, enquanto conversávamos, olhei pelo retrovisor e percebi que ela era bastante atraente.

A voz de Deus e uma nova visão do amor

Chegamos rapidamente à igreja, e sentei-me na fileira atrás de Iara. Durante um período de oração, dei uma olhada rápida apenas para "verificar" novamente se ela era realmente tão bonita quanto eu pensava. Quando o fiz, ouvi pela primeira vez na minha vida uma voz forte e profunda no meu espírito que dizia: "Não brinque com ela, Iara é minha!"

Após essa repreensão extremamente surpreendente, olhei novamente para ela, mas agora com um olhar totalmente diferente. Tento explicar esse momento dizendo que eu não apenas a via, mas via além dela. Consegui ver suas motivações e intenções.

Eu enxergava sua pureza. Pude perceber a graça de Deus sobre a sua vida e entendi como Iara era amada por Deus e como ela tentava retribuir esse amor.

Tudo que vi era totalmente novo para mim. Tive uma compreensão mais profunda de amor. A única experiência de amor que eu havia tido até então era um amor comum, em que sempre existia algo a ser escondido ou proibido que trouxe a intensidade de emoções. Enxerguei algo além da simples atração romântica. Ali, diante de mim, havia algo puro, cristalino. O que eu via agora era o verdadeiro amor!

Naquele instante, não me passava pela cabeça me relacionar com Iara. Se algum pensamento me ocorreu, foi justamente o oposto. Após Deus ter me mostrado um pouco sobre seu relacionamento com Iara, passei a enxergá-la como propriedade exclusiva do Senhor, e qualquer ideia de relacionamento estava totalmente fora de cogitação. Aprendi algo totalmente novo naquela manhã. Percebi uma forma diferente de amor e entendi algo mais sobre Deus — o que enriqueceria meu relacionamento com ele.

Após o término do culto, viajei a negócios à República Tcheca por dez dias. Deus sabia quão encantado eu estava por Iara. Mantivemos contato, tendo como pretexto o gosto em comum por Phil Driscoll. Quando voltei, entrei em contato com Iara e marcamos um almoço para que eu entregasse as fitas cassete com gravações de suas músicas.

Aqueles que conhecem Heidelberg certamente compartilharão da minha opinião: trata-se de uma das cidades mais bonitas do mundo. Poupada dos bombardeios durante a Segunda Guerra Mundial, a cidade preserva seu centro histórico pitoresco e as ruínas românticas do Castelo de Heidelberg, tornando-se um dos principais destinos turísticos da Alemanha. O cenário para nossa primeira refeição juntos não poderia ser mais romântico.

No entanto, devido à experiência na igreja com respeito a Iara, o romance era a última coisa que passava pela minha cabeça. Com total inocência, passei a contar a Iara o que havia acontecido naquele dia em que fomos juntos à igreja.

Iara, que havia vindo para a Alemanha com tantas palavras de profecia sobre o encontro com seu futuro marido, agora mantinha-se sentada em silêncio, mal conseguindo acreditar nas palavras que ouvia. Eu era aquele jovem, um ingênuo engenheiro da Inglaterra, e ela acabara de saber que eu seria seu marido. Ela permaneceu em sua postura, com o bom senso de não dizer nada, percebendo que eu não estava pronto para aquela revelação.

Com o passar das semanas, gradualmente começamos a nos encontrar com regularidade e a passar mais tempo juntos. No início, parecia que eu estava me tornando seu discípulo; ela me ensinou muitas coisas. Nossas experiências com Deus eram totalmente diferentes. Eu era novo na fé, com minha experiência londrina de cristianismo. Iara, em comparação, tinha muitas experiências profundas com Deus.

Conversávamos durante muitas horas diariamente. Depois de um longo dia de trabalho, eu ia ao seu simples apartamento de estudante; ela preparava um lanche para comermos e discutíamos Teologia até a madrugada.

Foi através de suas orações que Deus me libertou do péssimo hábito de roer unhas — eu as roía até sangrar. Em uma noite, Iara orou pelas minhas mãos e, a partir daquele momento, parei de roê-las.

Iara tinha experiência suficiente para perceber que eu necessitava de cura em várias áreas da minha vida. Os problemas que eu havia tido com meu pai ainda não tinham sido resolvidos; assim, ela começou a ministrar em minha vida usando princípios da Palavra de Deus. Ela me fez perceber que eu precisava perdoar meu pai. Posso dizer com certeza que o dia em que fiz isso foi o primeiro passo importante para todo o meu ministério no futuro. Foi uma libertação incrível, e hoje sei que, se não o tivesse perdoado, não poderia aconselhar outras pessoas a restaurarem suas vidas e as marcas do passado.

(NB 2025: Restaurou-se o meu relacionamento com meu pai, e nos damos muito bem agora. Estou muito agradecido a Deus por isso. Meus pais estão agora próximos dos 60 anos de casados, e passaram-se mais de 30 anos desde a traição. Meu pai experimentou o perdão e a graça divina em sua vida. Na sua velhice, agora com Alzheimer avançado, minha mãe cuida dele de forma impressionante e com muita afetividade.)

A viagem à Inglaterra

O último fim de semana de Iara na Alemanha, antes de retornar ao Brasil, coincidiu com um retiro especial de jovens do Kensington Temple em Londres, para o qual eu havia prometido ir. Na época do compromisso, não imaginava que poderia querer desistir. Meu relacionamento com Iara havia evoluído e eu me sentia dividido entre ficar em Heidelberg para seu último fim de semana ou ser leal aos meus amigos na Inglaterra. Conversei com um grande amigo, que sugeriu: "Por que você não convida Iara para ir à Inglaterra com você?" Embora a ideia parecesse simples, havia implicações delicadas. Propus a Iara que me acompanhasse.

No início de nosso relacionamento, Iara estava mais consciente do que eu sobre a profundidade do que estava acontecendo entre nós. Ela sabia que, ao me acompanhar à Inglaterra, estaria se comprometendo além de um simples acampamento cristão. Sem que eu soubesse, ela jejuou, orou e buscou orientação divina. Somente após sentir paz em seu coração, concordou em viajar comigo.

No avião, como de costume, pedimos a Deus uma palavra para o dia. Para nossa surpresa, abrimos a Bíblia em Provérbios 31.10: *Mulher virtuosa, quem a achará? O seu valor muito excede o de finas joias*. Embora não conversássemos abertamente sobre nosso relacionamento, ao ler esse versículo, trocamos olhares tímidos e comentamos:

— Que interessante...

O fim de semana na Inglaterra foi uma experiência marcante para Iara, embora sua impressão inicial sobre os jovens cristãos ingleses não tenha sido das melhores. Ainda assim, ela deixou sua marca, orando pela vida de uma jovem que sofria de insônia havia dez anos.

A saída da Alemanha e a ida ao Brasil

De volta a Heidelberg, tivemos apenas um dia agitado juntos antes de sua partida para o Brasil. Entre preparativos e despedidas, compartilhamos nosso primeiro e único beijo na Alemanha. No caminho para o aeroporto, senti uma profunda tristeza, como se nunca mais fosse vê-la. O Brasil, para mim, era um lugar distante e desconhecido. Enquanto dirigia em alta velocidade para não perder o voo, uma voz interior me tranquilizou: "Não se preocupe, você vai vê-la em breve".

Inicialmente, pensei que fosse fruto das minhas emoções, mas Iara ouviu a mesma mensagem e me perguntou o que eu havia sentido. Compartilhei com ela, e ambos fomos tomados por uma profunda alegria e alívio. Quando o avião decolou, meu coração se encheu de júbilo, e saí do aeroporto cantando, para surpresa dos que me observavam.

Em apenas quatro semanas após nossa despedida no aeroporto de Frankfurt, eu estava a caminho do Brasil. Cheguei ao aeroporto de Curitiba em 28 de dezembro de 1995, sem a menor ideia do que aconteceria dali em diante. Havia passado o Natal com minha família e decidi usar o restante dos feriados para visitar Iara no Brasil. Ela mencionou que me buscaria no aeroporto montada em um burro, e, como eu tinha pouco conhecimento sobre o Brasil, fiquei em dúvida se era uma piada ou algo possível.

Minha visita durou dez dias e, por mais clichê que possa parecer, é a mais pura verdade: cheguei como menino e parti como homem. O profundo trabalho que Deus realizou em meu interior e a transformação que operou em meu coração durante minha estadia no Brasil me transformaram completamente. Meus olhos se abriram para enxergar algo que nunca havia visto antes, e nasceu no meu interior um amor e uma gratidão pelo Brasil.

Talvez o aspecto mais curioso da minha viagem tenha sido o fato de eu ter sonhos vívidos todas as noites enquanto estava em Curitiba. Sem que eu soubesse, Iara havia realizado reuniões de oração nos dias anteriores à minha vinda. Como resultado, tive sonhos reveladores todas as noites. Não pense que eram sonhos doces e coloridos, com anjos, nuvens e Deus sorrindo dos altos céus para mim. Eram pesadelos. Deus os usou para expor muitas áreas sombrias que eu ainda abrigava em minha vida. Eu estava revoltado comigo mesmo e, por vezes, até assustado ao me deparar face a face com o fato de que era um pecador.

Lembro-me de que, em um domingo pela manhã, após o meu pesadelo mais terrível, fomos a uma igreja batista em Curitiba; durante todo o culto, senti-me incrivelmente desconfortável e agitado, mexendo-me de um lado para o outro no banco de madeira daquela igreja, desesperado para sair. Mas, demonstrando um pouco da nova maturidade em mim, em vez de sair, o que era o meu desejo, comecei a orar após a pregação terminar. Coloquei-me de joelhos e, antes que pudesse perceber, todas as imagens dos terríveis pesadelos voltaram a revolver-se na minha mente. Fiquei revoltado comigo mesmo e comecei a pensar que, se Deus é santo, ele certamente não iria querer mais nada comigo.

Entrei em parafuso porque, se ele sabe o que sonhei, não poderia ser santo; como ele pode me entender e perdoar? Mas, então, naquele instante, tive uma compreensão em forma de visão.

Eu estava aos pés da cruz e, pela primeira vez, compreendi inteiramente o que a cruz significava. Vi a vitória do Senhor Jesus e o seu amor por mim naquele instante. Ele apagou os meus pecados com tremendo poder e determinação. E então, sim, senti poder como uma corrente elétrica passando pelas minhas mãos, meu cabelo e meu coração. Era algo incrivelmente puro e, na hora e meia seguinte chorei ininterruptamente na presença de Deus. Essa experiência foi extremamente importante na minha vida de fé; eu teria que negar a mim mesmo se quisesse negar o que aconteceu. Eu não poderia escapar disso, não poderia mentir para mim mesmo; eu me encontrei com o Deus vivo.

Essa experiência ocorreu no terceiro dia da minha viagem. Os outros sete dias foram preenchidos com uma série de experiências diferentes com Deus. Iara me levou a igrejas nas quais o louvor era simples, mas a fome de entender as Escrituras era mais forte do que jamais havia visto. Seus amigos oraram sobre minha vida e trouxeram mensagens sobre meu futuro. Fomos à igreja Encontro com Deus, uma congregação simples dentro de um orfanato na periferia de Curitiba. O pastor e sua esposa oraram e proferiram muitas palavras proféticas sobre minha vida. Anotei tudo enquanto eles falavam palavras inspiradas, e fiquei impressionado com o que ouvi. Disseram que eu me tornaria pastor, que pregaria e realizaria um grande trabalho para o Senhor. Também afirmaram que Iara e eu ficaríamos juntos, e que o Senhor me guiaria e mostraria como isso aconteceria.

Tantas coisas foram ditas e aconteceram naqueles dias que não caberiam nas páginas deste livro. Eu era como uma esponja, absorvendo tudo e tentando processar o que estava experimentando. Estava claro que, ao voltar para a Inglaterra, eu não seria mais a mesma pessoa.

Preparação para a vida de casado

Um dia antes de retornar, uma amiga de Iara orou por mim e disse que, ao voltar para a Inglaterra, eu deveria me afastar dos meus amigos, pois precisava de tempo e espaço para ouvir Deus e aprender outras coisas. Dado tudo o que eu havia vivido, seria natural imaginar que eu aceitaria esse conselho com facilidade. Mas não foi o caso. Isso não combinava com o que eu havia planejado. Na Inglaterra, pretendia reencontrar meus amigos do Kensington Temple, já que meu tempo na Alemanha havia terminado. Eu realmente desejava morar com eles novamente, mas sabia que precisava tomar uma decisão. Preocupei-me muito, passei um tempo aborrecido e orei sobre o assunto.

Quando voltei para casa, tentei contar da melhor forma possível aos meus amigos o que havia me acontecido no Brasil e por que não poderia mais morar com eles. Para minha surpresa, eles aceitaram sem dificuldade.

No final de janeiro de 1996, concluí minhas atividades profissionais na Alemanha e voltei a morar sozinho na Inglaterra, ainda viajando bastante a trabalho, mas não mais a partir da Alemanha. Em fevereiro, Iara teve algumas semanas de férias, que aproveitou para me visitar e conhecer minha família. Naquela época, estávamos muito apaixonados, mas não havíamos falado sobre casamento. Ela pôde ficar menos de duas semanas na Inglaterra e, no meio desse período, precisei ir por quatro noites a Moscou. O que fazer com Iara nesse intervalo? Simples, levá-la para ficar com meus pais! Assim, apresentei-a a eles e, no dia seguinte, viajei. Ela é muito corajosa!

Iara esperava que eu a pedisse em casamento quando voltasse de viagem, mas eu aguardava mais confirmação. No final de sua estada na Inglaterra, ela ainda esperava um pedido e, para seu desgosto e frustração de seu círculo de amizades no Brasil, retornou sem o tão esperado pedido de casamento.

O pedido de casamento

A Páscoa chegou, e eu tive a oportunidade de usar os dias de férias que ainda tinha para ir novamente ao Brasil, desta vez com a intenção de pedir Iara em casamento. Decidi levar tudo muito a sério e iniciei um jejum parcial de 30 dias, comendo somente à noite, colocando meu relacionamento com Iara diante de Deus. Ainda orei para que ele interferisse e acabasse com tudo, caso não fosse de sua vontade. Meu jejum terminaria exatamente no dia da Páscoa, quando eu estivesse no Brasil. Planejava então pedi-la em casamento.

Sentia que estar com Iara era como pisar em terra santa; por isso, me sentia indigno de pedi-la em casamento. No início, quando a conheci em Heidelberg, imaginava ter muito a oferecer: um bom salário, um carro novo e um emprego prestigiado em uma multinacional, enquanto ela morava em acomodações de estudante com apenas os pertences que cabiam em uma mala.

Mas, depois de visitá-la em Curitiba, fui confrontado com a realidade de sua vida bem-sucedida. Meu orgulho foi devidamente ajustado. Encontrei uma mulher extremamente capaz, bem-sucedida, trilíngue, que provavelmente ganhava mais do que eu, proprietária de um belo apartamento em Curitiba e o mais importante: uma impressionante líder na igreja. Isso, confesso, era o que mais me intimidava nela. O que eu tinha para lhe oferecer? Naquela altura, eu nem mesmo tinha um lugar para morar em Londres. Tudo o que podia fazer era me tornar uma pessoa cada vez melhor em Deus.

Antes de viajar para o Brasil, resolvi comprar um anel especial de rubi para que sempre nos lembrássemos de Provérbios 31. Queria ter a coragem de me ajoelhar diante dela, quem sabe sob um lindo coqueiro na praia de Copacabana, no Rio de Janeiro, e pedi-la em casamento. Este era o plano que eu havia traçado, mas Deus traçou outro caminho.

Na Sexta-feira Santa, a apenas dois dias de executar meu plano, Iara e eu viajamos para o Rio de Janeiro com alguns de seus amigos. No trajeto, fizemos uma parada especial na casa de uma missionária próxima a São Paulo, onde uma senhora muito querida havia construído uma igreja. Seu testemunho é incrível: após ser expulsa de casa pelo marido violento, ela caminhava sem rumo com seus sete filhos quando Deus lhe disse para parar e construir uma igreja ali mesmo. Ela obedeceu, e a igreja literalmente carrega as marcas de suas mãos em cada tijolo de barro. Pessoas de todo o mundo visitam sua igreja para ouvi-la pregar, e nossa visita foi apenas uma entre milhares que testemunham o que Deus fez em sua vida.

Ao entrar naquela pequena igreja, senti imediatamente que era o lugar onde deveria pedir Iara em casamento. A presença de Deus era palpável, e eu tinha certeza de que deveria ser ali. Lutei contra meu desejo de cumprir o plano original, pois parte de mim queria contar aos amigos na Inglaterra que havia me ajoelhado diante da minha namorada e a pedido em casamento nas famosas praias de Copacabana. Mas aquele ambiente era o oposto: quente, cheio de pernilongos e extremamente simples. Mas a presença de Deus estava ali.

Naquela noite, não consegui dormir e, no sábado, levantei-me cedo e fui sozinho à capela de oração para orar e me preparar para a reunião. Enquanto estava sentado, senti em meu coração as seguintes palavras: "Vou lhe dar uma música para que você cante para Iara".

Nunca havia escrito uma canção, mas comecei a anotar no papel o que vinha à mente. Lá estava eu, às seis da manhã, escrevendo a mais bela canção de amor, que poderia ser cantada como um hino de louvor, mas eu sabia que era para Iara.

Mais tarde, durante o culto na igreja, já havia planejado tudo. Todos os amigos próximos de Iara estavam presentes, e a igreja estava lotada de pessoas simples e tementes a Deus. Chegou o momento em que me pediram para falar. Comecei contando sobre meu tempo de oração naquela manhã e como havia recebido inspiração para compor uma música. Iara traduzia tudo o que eu dizia e, quando cantei, ela também traduziu cada linha da letra. Ao terminar, expliquei que se tratava de uma canção de amor para expressar o grande sentimento que Deus havia colocado em meu coração por ela. Então, ajoelhei-me perante toda a igreja e disse, no meu melhor português:

— Você quer se casar comigo?

Confesso que não sei ao certo o que saiu da minha boca, porque ninguém entendeu. Repeti as palavras em inglês, e a resposta de Iara não foi "sim", mas um retumbante "AMÉM!"

Naquele momento, não havia ninguém na igreja que não derramasse lágrimas de alegria. Foi um instante especial para nós dois e para aqueles que acompanhavam ansiosamente a nossa união. Ali, naquele lugar simples, selamos nosso compromisso matrimonial.

Após nos despedirmos das amigas de Iara e finalmente chegamos às praias do Rio de Janeiro, onde eu havia planejado fazer o pedido de casamento. Enquanto passeávamos pela praia de Copacabana, fomos assaltados. Colocaram um canivete no meu pescoço e roubaram todos os nossos pertences de valor. A única coisa que os jovens assaltantes não levaram foi o anel de noivado que eu havia dado a Iara. Que alívio! Não há dúvidas de que isso foi a mão protetora de Deus sobre nós.

Um casamento às pressas

Voltei para a Inglaterra como noivo, esperando ter tomado a melhor decisão e aguardando o momento em que, de fato, pudesse me casar com Iara. Ela teria que abrir mão de tudo para vir viver comigo, então presumi que seriam necessários um ou dois anos até que estivesse pronta para se casar comigo e morar na Inglaterra. No entanto, eu estava começando a aprender que nada atrapalha a vontade de Deus, nem a determinação de Iara! Como eu não poderia tirar mais férias naquele ano, uma vez que já havia utilizado todos os meus dias de crédito, fiquei tristemente resignado ao fato de que não veria Iara por um longo tempo. Mas, naturalmente, isso não se sustentaria. Iara afirmou que o casamento poderia ser planejado para julho daquele mesmo ano, apenas três meses após o nosso noivado.

Como decorrência do casamento, ganhei mais alguns dias de licença, então escolhemos uma data que coincidia com uma apresentação de Phil Driscoll em um congresso no Rio de Janeiro, o que seria parte da nossa lua de mel.

Organizar um casamento em apenas três meses, com a noiva vivendo do outro lado do mundo, exigiu esforço e agilidade incomuns. Houve muitos momentos estressantes. O principal desafio foi encontrar uma igreja com disponibilidade para nos casar em tão pouco tempo.

A minha própria igreja, o Kensington Temple, já estava com os seus sábados agendados para praticamente os próximos dois anos, mas, sem desanimarmos com isso, conseguimos a aprovação de um pastor amigo meu para nos casarmos em uma modesta cerimônia realizada na sexta-feira, 19 de julho de 1996, em uma das salas da igreja. No dia seguinte, tivemos uma cerimônia em uma nova igreja em Chiswick, que havia reformado recentemente o seu salão. Foi o dia mais maravilhoso de nossas vidas.

O noivado no Rio de Janeiro — Páscoa de 1996.

4

Uma temporada na Inglaterra

A fé nunca sabe para onde está sendo levada,
mas ama e conhece Aquele que a está levando.[3]
Oswald Chambers

Adaptação à nova vida e primeiras responsabilidades

De julho de 1996 até novembro de 1997, após o nosso casamento, Iara e eu moramos em Chiswick, um bairro elegante no Oeste de Londres, onde começamos a frequentar o Chiswick Christian Centre, igreja na qual realizamos nossa cerimônia de casamento. O Centre era uma igreja da denominação Elim, teologicamente semelhante à Igreja Quadrangular no Brasil. Nosso casamento foi a

3 CHAMBERS, Oswald. Tudo por Ele: Devocionais Diários. (Colombo/PR: Pão Diário, 2015): meditação de 19 de março.

primeira cerimônia realizada após a abertura oficial da igreja, depois de um período de reformas. Como o novo pastor também havia celebrado nossa união, achei correto permanecermos ali e fazermos parte desse novo movimento. Além disso, Iara e eu precisávamos de uma igreja local na qual pudéssemos crescer, construir uma rede de amizades e aprender juntos.

Embora algumas coisas na minha vida tivessem mudado — afinal, agora eu era um homem casado e frequentava uma nova igreja, bem menor que a anterior —, muitas outras permaneceram iguais. Continuava morando na Inglaterra, em uma cultura que conhecia e compreendia perfeitamente, e seguia trabalhando na empresa que me havia apoiado desde a faculdade. Meus pais moravam a algumas horas de viagem e, para encontrar muitos dos meus amigos, bastava virar a esquina. Minha vida tinha um padrão e uma estrutura com os quais eu estava inteiramente familiarizado.

Após frequentar a nova igreja por seis meses, o pastor me indicou para fazer parte da equipe de liderança, e minha primeira responsabilidade foi liderar o Curso Alpha, uma série de encontros semanais voltados para pessoas que buscavam compreender melhor o cristianismo, baseado no livro *Questões da Vida*, de Nicky Gumbel, publicado no Brasil pela Editora Encontro Publicações. Era um curso maravilhoso, no qual eu ministrava todas as segundas-feiras à noite. Essa foi minha primeira experiência real de cuidado pastoral — e eu me apaixonei por essa nova responsabilidade.

As dificuldades de Iara e o papel da igreja

Iara, por outro lado, encontrou algumas dificuldades para se adaptar à nova vida na Inglaterra. Ela havia abandonado muitas coisas para estar comigo e, mesmo já tendo visitado a Inglaterra várias vezes, ainda havia muitos aspectos culturais que lhe eram desconhecidos. O maior desafio, no entanto, veio da própria igreja. Antes do casamento, eu falava para todos sobre Iara e o quanto ela era uma mulher extraordinária. Isso gerou uma expectativa enorme em torno de sua chegada. Todos sabiam que ela havia sido parte da liderança de uma igreja no Brasil, que estava crescendo de maneira impressionante e, quando chegou à nossa igreja em Londres, muitos membros esperavam vê-la pregando e sendo usada de forma impactante e dramática.

Praticamente metade da congregação era formada por africanos, e as mulheres africanas enxergaram a chegada de Iara como resposta às suas orações. Elas sentiam que era necessária uma mulher jovem, inteligente e batalhadora para avivar a igreja e trazer as pessoas de volta para Deus. Assim, pressionaram o pastor para que desse a Iara uma posição de liderança.

No entanto, ele não cedeu à pressão dos membros. Ele não simpatizava com Iara, alegando que não apreciava sua forma de pregar ou de expressar a fé. Segundo ele, as diferenças culturais eram grandes demais, e isso o incomodava. É óbvio que isso me aborrecia, ainda mais sendo recém-casado e cheio das paixões do início do relacionamento.

Naquela época, Iara foi colocada de lado, e, embora tenha sido um período doloroso para ela, hoje percebo que me permitiu crescer em experiência. Até então, eu carregava certo complexo de inferioridade e achava que Iara sabia muito mais sobre as coisas de Deus do que eu. Por isso eu me mantinha em sua sombra. No entanto, essa situação me forçou a dar alguns passos à frente, ajudando a equilibrar melhor nosso casamento. Deus sabia que, para nosso relacionamento dar certo, eu precisava ver minha esposa como uma parceira ao meu lado, e vice-versa, sem colocá-la em um pedestal — como eu, de fato, fazia antes do casamento.

Se, por um lado, Iara não podia pregar, por outro, lhe foi cedida uma das salas da igreja, no andar de cima, para que pudesse orar com várias mulheres da congregação e do bairro. Ali ela aconselhava, orava por libertação e cura das feridas emocionais que tantas delas carregavam. Esse tipo de prática era raro na Inglaterra naquela época — e acabou gerando uma espécie de revolução espiritual silenciosa. Iara se tornou uma referência para muitas dessas mulheres. A forma aberta e emocional com que os brasileiros expressam a fé e a confiança no poder de Deus influenciou profundamente a vida espiritual de muitas delas. Algumas dessas pessoas viriam a se tornar grandes apoiadoras do início do nosso ministério no Brasil.

Foi um tempo muito desafiador para Iara. Houve momentos de lágrimas e dor, mas também de muita alegria, especialmente quando, no terceiro mês do nosso casamento, tivemos a confirmação de que ela estava grávida.

Desafios pessoais e retorno ao Brasil

Infelizmente, outros desafios ainda estavam por vir para Iara. Ela deixara o Brasil com tanta pressa que alguns assuntos ficaram pendentes. Não teve tempo hábil para pedir oficialmente demissão, e, mesmo já morando na Inglaterra, seu vínculo empregatício no Brasil permanecia ativo. Já havia solicitado sua licença-prêmio, acumulado todas as férias em atraso e ainda o afastamento por gravidez, mas sabia que precisava regularizar essa situação.

Por isso, em dezembro de 1996, voltou ao Brasil para cuidar das pendências e das consequências de sua mudança para a Inglaterra. Pediu demissão voluntária, com a expectativa de receber um bom acerto financeiro ao encerrar formalmente seu contrato.

Separação inesperada e incertezas

Viajei ao Brasil para encontrá-la durante os feriados de Natal e, em seguida, retornei à Inglaterra, certo de que Iara voltaria logo para casa. No entanto, nem tudo correu conforme o planejado e ela precisou ficar bem mais de um mês, o que foi extremamente estressante e doloroso para nós, recém-casados. Alguns colegas bem-intencionados tentaram me "consolar", insinuando que Iara talvez tivesse se casado comigo apenas para conseguir um passaporte britânico — e que, quem sabe, nunca mais voltaria. Eu sabia que isso não era verdade, mas certamente esses comentários não ajudaram a aliviar as incertezas e ansiedades daquele período.

Nós nos falávamos diariamente por telefone e, tanto Iara quanto eu só queríamos estar juntos para celebrar a gravidez do nosso primeiro filho.

Iara só conseguiu voltar no meio de fevereiro, sem ter conseguido resolver completamente sua situação trabalhista. Precisou retornar à Inglaterra antes do previsto porque sua gravidez avançava e, em breve, não poderia mais viajar em voos de longa distância. O que ela não sabia era que, ao retornar, eu teria uma novidade importante para compartilhar — algo que mudaria radicalmente as nossas vidas.

Uma profecia e a busca por respostas

Enquanto Iara esteve fora, usei o tempo extra para visitar a igreja central e participar do culto aos domingos à noite. Foi justamente nesse período que o pastor Colin Dye recebeu oito mensagens em uma visão, que deveriam ser entregues a membros específicos da igreja. Durante um culto, ele me viu e me chamou, entregando a seguinte mensagem em forma de poesia, com versos rimados:

Você não terá tempo para colocar em ordem
Todas as coisas que o envolvem.
Deixe-as ir, deixe-as para trás,
Tudo da sua mente, agora, tirarás.
Deste tempo em diante um novo capítulo iniciarás.

Palavras de poder e de graça fluirão de você.
Também sinais, milagres e curas.
Vá para junto daqueles aos quais eu o envio.
E em um ano aproximadamente, conte-lhes o que digo.
E então volte novamente para ver.
O que sucede quando eu falo com você.

O pastor ainda me explicou que havia coisas em minha vida que me prendiam e que eu não teria tempo para organizar tudo ao meu redor antes de ser enviado para um novo lugar muito em breve.

Após o retorno de Iara, conversamos e nos perguntamos: "Qual será o nosso próximo destino?" Pela lógica e de forma natural, pensávamos que possivelmente voltaríamos para a Alemanha ou, eventualmente, para a sede da minha empresa nos Estados Unidos, enviados pela companhia. Mas o que aconteceu foi completamente diferente.

Foram exatamente seis meses até entendermos para onde deveríamos ir. Nesse período, nosso primeiro filho, David, nasceu com saúde, trazendo muita alegria e, claro, muito trabalho!

Um chamado claro: a visão do Brasil

Foi nesse meio tempo que comecei a ter várias decepções com a empresa, o que resultou na quebra dos laços emocionais que ainda me prendiam ao emprego. Devido a uma série de dificuldades e circunstâncias desgastantes, comecei a me sentir desmotivado e desiludido com o mundo empresarial. Até então, minha vida profissional havia sido extremamente satisfatória. Eu apreciava minha ascensão na hierarquia corporativa, bem como os aumentos e oportunidades que vinham com ela. No entanto, tudo mudou com a morte trágica de um colega muito respeitado e grande referência pessoal. Foi nesse momento que enxerguei o outro lado do mundo dos negócios.

A frieza e a impessoalidade com que lidaram com sua morte me causaram profundo choque. Não houve um luto genuíno, nenhuma pausa para reflexão. Nada mudou. A empresa seguiu funcionando normalmente, como se ele nunca tivesse existido. Para mim, foi desolador perceber que, mesmo tão próximo da aposentadoria, a vida do meu amigo não tinha peso algum diante dos lucros e interesses comerciais da empresa. Cheguei a me perguntar: Será que nem o direito de lamentar nos restava? Foi nesse momento que finalmente constatei que estava inserido em um sistema que se preocupava muito mais com dinheiro do que com pessoas.

Naquele momento, sendo jovem e com muito potencial para gerar lucro, eu era tratado como um príncipe. Mas percebi com clareza que tudo aquilo era apenas um jogo de interesses — e que, mais cedo ou mais tarde, eu também seria descartado. Era esse o destino que eu queria abraçar?

Em uma noite, no final de setembro do mesmo ano, entendi a vontade de Deus para mim. Estávamos sentados no nosso quarto, Iara amamentava nosso bebê, David, que agora tinha dois meses de idade, quando tive uma visão inspirada. Diante de mim, vi grandes cortinas se abrindo, como as de um teatro, e, quando elas se afastaram, apareceu a palavra Brasil. A imagem era tão nítida e clara que de forma alguma questionei o que acabara de ver. O próximo passo era agir na direção dessa revelação.

No dia seguinte, procurei meu chefe e, para sua surpresa, entreguei minha carta de demissão. Foi difícil abrir mão da segurança proporcionada por aquele excelente emprego, mas eu sabia que estava tomando a decisão certa. Sou muito grato pelas oportunidades que tive lá, mas sabia que um novo capítulo estava começando.

Trabalhei até o fim do aviso prévio e, depois de fazermos as malas com o máximo de coisas que pudéssemos carregar, partimos da Inglaterra no dia 27 de novembro de 1997, com nosso filhinho de quatro meses, para começar uma nova jornada em Curitiba, no Brasil. Tudo havia se cumprido.

Patrick e Iara com David na Inglaterra em 1997.

5

Esperando, esperando, esperando...

O SENHOR é bom para os que esperam nele,
para aqueles que o buscam. Bom é aguardar a salvação
do SENHOR, e isso, em silêncio.
Lamentações 3.25-26

A chegada ao Brasil e a realidade social

A cidade de Curitiba, capital do Estado do Paraná, tem uma população de dois milhões de habitantes, com um número semelhante na região metropolitana. É uma cidade grande, mas representa apenas uma fração do tamanho de São Paulo ou do Rio de Janeiro. Devido às suas raízes imigrantes, seus parques e monumentos históricos são lindos e representam, de forma simbólica, cada etnia e nação que fez de Curitiba sua nova moradia. Curitiba é frequentemente premiada e reconhecida como uma das melhores cidades para se viver no Brasil, com boa infraestrutura e serviços públicos acima da média nacional, além de uma reputação de ser limpa e segura.

No entanto, quando cheguei no final dos anos 90, Curitiba ainda era uma cidade inserida em uma nação em desenvolvimento, onde metade da população vivia abaixo da linha da pobreza. Para muitas pessoas, a vida era extremamente difícil, e apesar do seu renome, havia um grande número de favelas, comunidades e áreas periféricas enfrentando sérios desafios sociais e a ausência de serviços públicos adequados.

Ao conhecer Curitiba, visitei inúmeras famílias que viviam espremidas em minúsculos barracos de madeira, com o esgoto escorrendo a poucos centímetros de suas portas. O crime era uma constante nessas regiões; drogas, prostituição e assassinatos faziam parte da vida diária desses cidadãos.

Apesar das melhorias significativas desde minha chegada ao Brasil, a combinação de baixos salários e altos índices de desemprego era uma realidade constante, e muitas crianças abandonavam a escola para trabalhar nas ruas como engraxates ou catadores de lixo para reciclagem. Naquele tempo, era comum ver crianças de rua inalando cola de sapateiro como forma de amenizar a fome e a dor da vida nas ruas.

A cultura brasileira e a expressão da fé

É difícil imaginar a dimensão dos problemas sociais e econômicos no Brasil, por outro lado, nem tudo era ruim. Antes do casamento, Iara já havia me dado a oportunidade de conhecer o melhor do Brasil e dos brasileiros em minhas visitas ao país. Havia outro lado do Brasil que a maioria dos britânicos pouco conhecia, e nos anos 90, ainda menos. Apesar de todos os desafios, o país era marcado pela receptividade, pela alegria de viver, pelo jeito único de enxergar o mundo, pela criatividade, pela hospitalidade e pelas festas e celebrações. A vida espiritual e a naturalidade com que os brasileiros falavam sobre fé e emoções eram algo cativante, refletindo a essência vibrante desse povo.

Em termos de religião, eu não sabia que estava chegando a um país que havia passado por grandes mudanças religiosas e sociais nas últimas décadas. Com a migração em massa da população rural para os centros urbanos, muitos brasileiros abandonaram suas raízes católicas e se tornaram evangélicos. A pregação na TV, no rádio, nas igrejas e nas praças resultou na conversão de milhões de pessoas. A ausência do poder público nas periferias, aliada à falta de moradia adequada e oportunidades de emprego, criou um terreno fértil para as promessas da fé evangélica. Mesmo nas favelas mais carentes havia uma igreja em quase cada esquina.

Algo que me impactou profundamente ao chegar ao Brasil foi a forma aberta como as pessoas expressavam sua fé. Carros e caminhões circulavam cobertos de adesivos proclamando mensagens cristãs, enquanto muitas pessoas usavam camisetas com frases como "Jesus é 100%". Cafés e estabelecimentos comerciais tocavam música gospel como som ambiente. Era algo muito diferente da Inglaterra mais reservada, onde o racionalismo e o intelectualismo predominam e onde falar sobre religião pode ser visto como indelicado. Para mim, foi libertador viver em um país onde a presença de Deus estava em todos os lugares e era algo natural de se compartilhar.

Eu já havia passado algum tempo em Curitiba antes, então tinha ao menos uma ideia do que encontraria ao me mudar para cá. No entanto, visitar um lugar por algumas semanas como turista é completamente diferente de transformá-lo em seu lar. Havia muito a aprender sobre a cultura e o modo de vida brasileiros, mas, acima de tudo, eu precisava aprender português — não poderia depender da Iara para traduzir tudo para sempre.

O impacto da crise na igreja e no ministério

Iara tinha um lindo apartamento, e seu salário nos ajudou a nos manter. Ela não teve sucesso ao tentar obter a demissão voluntária no Brasil — e, no fim, isso foi uma bênção. Seu trabalho na Universidade Federal acabou se tornando nossa principal fonte de renda. Deixei meu emprego na Inglaterra ciente de que o trabalho de Iara estava em uma posição delicada devido ao tempo de ausência, mas, no fim, tudo deu certo. Apesar da mudança repentina, saímos da Inglaterra em uma sexta-feira e, na segunda-feira seguinte Iara já estava de volta ao trabalho. Se não tivesse voltado exatamente naquela data, ela teria perdido o emprego.

Nosso primeiro compromisso após a chegada ao Brasil foi visitar a igreja Encontro com Deus, da qual Iara havia sido membro desde sua conversão. Infelizmente, ficamos extremamente desapontados com o que encontramos. Enquanto ainda estávamos na Inglaterra, havíamos recebido cartas de alguns líderes relatando que a igreja estava em crise e prestes a fechar. O pastor fundador e sua esposa, que haviam sido grandes amigos e referências espirituais para Iara, haviam abandonado a igreja e todo o trabalho pastoral.

Embora continuassem na liderança do orfanato onde a igreja estava situada, limitavam-se a pagar um pastor para conduzir os cultos e manter a igreja minimamente funcionando. O número de membros e frequentadores caiu drasticamente, chegando a quase zero. Os líderes que serviam ao lado de Iara haviam saído, magoados e amargurados. A igreja estava em total desordem. As janelas estavam quebradas, o ambiente físico era precário, sujo e necessitava de reparos urgentes. Além disso, os líderes enfrentavam dificuldades financeiras e o orfanato também estava à beira do colapso.

Ao ver aquele cenário, o coração de Iara se despedaçou. Nos quatro meses seguintes, ela tentou convencer o casal a reassumir sua liderança na igreja, mas, sobrecarregados por preocupações, eles não estavam em condições de voltar.

Um período de incerteza e dependência

De repente, eu me vi sem emprego, vivendo em um país onde mal conseguia me comunicar e, pior ainda, sem qualquer atividade útil. Eu me perguntava: Por que, afinal, estou no Brasil? Durante o dia, enquanto Iara trabalhava, cabia a mim cuidar de David, que agora tinha seis meses. Embora eu soubesse trocar fraldas tão bem quanto qualquer outro pai, não foi para isso que vim ao Brasil. Eu queria poder escrever para meus amigos na Inglaterra e relatar as coisas empolgantes que estava fazendo. Também queria provar para meus sogros que era capaz de sustentar minha esposa financeiramente. Mas, naquele momento, eu simplesmente não podia fazer nada disso.

Foi então que comecei a entender os próximos passos. Eu precisava me dedicar a três coisas: aprender português, estudar a Bíblia e, por um tempo, não trabalhar. Essa última foi a mais difícil para mim. Estávamos no limite financeiro, gastando mais do que Iara recebia. Em certo momento, entrei em pânico e fui até uma agência de empregos. Mas, como parte do plano de Deus, minha tentativa foi um fracasso total — e profundamente humilhante. As pessoas na agência riram de mim quando, com meu português precário, mencionei quanto ganhava na Inglaterra. A única vaga disponível pagava por mês o equivalente ao que eu recebia por dia. Foi a primeira e última vez que tentei encontrar um emprego. O melhor era esperar o tempo certo.

Minha vida não poderia ser mais diferente da que abandonei. Comecei a estudar português e reservei tempo para aprofundar meus estudos bíblicos e teológicos. Encontrar algumas horas de silêncio com um bebê de seis meses exigia habilidade, mas organizei minha rotina de modo a separar um tempo diário para estudo. Foi um período essencial para minha vida espiritual, no qual a Bíblia começou a fazer sentido de uma maneira totalmente nova. Sentia-me em uma curva de aprendizado acelerada, e Deus começou a me dar material que mais tarde eu usaria ao liderar a igreja.

Uma oportunidade prematura para pregar

A questão mais importante que nos acompanhava constantemente era: Por que Deus nos enviou ao Brasil? Essa pergunta permanecia latente em nossos pensamentos. Recebi algumas ofertas duvidosas, inclusive logo após chegar ao Brasil. Conhecemos um pastor que havia ouvido falar do pastor Colin Dye, da igreja de Londres, e ficado impressionado com nossa história e com o envolvimento dele em nosso processo de mudança para o Brasil. Entusiasmado, esse pastor me convidou para pregar já no dia seguinte.

Iara, sabendo que eu nunca havia pregado em minha vida, ficou cautelosa e pediu um tempo para avaliar a situação. No entanto, o pastor não aceitou um não como resposta e nos persuadiu a participar de uma campanha de pregação de três dias, que aconteceria dali a algumas semanas. Para meu completo espanto, ele mandou imprimir milhares de folhetos com a propaganda: "Patrick Reason, missionário extraordinário da Inglaterra, curas, sinais e milagres garantidos". Fiquei simplesmente apavorado!

Comecei a orar desesperadamente. Como resultado, todas as noites nos dirigimos até aquele local, onde eu apresentava uma curta mensagem, traduzida por Iara, e, em seguida, ela complementava a pregação com suas próprias palavras. Na prática, era ela quem pregava por mim. Graças a Deus, nossa presença ali não foi um desastre total.

No entanto, quando esse mesmo pastor me convidou para pregar em uma conferência de pastores algumas semanas mais tarde, na qual estariam presentes aproximadamente 400 líderes, percebi que a situação se tornava insustentável. Eu simplesmente não estava pronto para um evento dessa magnitude e não tinha o que dizer àquelas pessoas. Ficou evidente que aquele pastor queria nos usar simplesmente por eu ser estrangeiro, o que talvez lhe trouxesse algum destaque pessoal. Foi necessário que Iara e eu nos distanciássemos dessa situação.

A resposta divina e o chamado para reconstruir

De volta à igreja Encontro com Deus, percebemos que tudo continuava parado. Já estávamos no Brasil havia mais de quatro meses e continuávamos tentando, sem sucesso, persuadir o casal de pastores a reassumir sua posição de liderança. Infelizmente, além de a igreja estar se desintegrando, o orfanato também mergulhava em dificuldades. Essa situação pesava profundamente sobre nossos corações, e constantemente a apresentávamos em oração diante de Deus.

Até fevereiro, eu já havia aprendido muito em minhas sessões diárias de estudo da Bíblia, mas em casa, tudo estava se tornando cada vez mais estressante, e nossa situação financeira, em vez de melhorar, piorava. Iara e eu decidimos que precisávamos de uma resposta divina. Como o feriado de Carnaval se aproximava e Iara teria alguns dias de folga, decidimos viajar para Florianópolis com a esperança de receber uma direção mais clara de Deus.

Deus é fiel. No dia 10 de março, começamos a ler o livro de Ageu e, a partir dele, recebemos toda a orientação que tanto buscávamos. O livro foi escrito em um contexto histórico específico, para os hebreus que retornavam do exílio para Jerusalém, mas, naquele momento, parecia ter sido escrito diretamente para nós. Esse livro, que tem apenas dois capítulos, falou profundamente aos nossos corações.

Tentarei explicar nossa compreensão da época: Ageu é um dos profetas do Antigo Testamento e foi enviado a Zorobabel e Josué para lhes dizer que o motivo pelo qual não prosperavam era que haviam feito muitas coisas, mas o Templo estava em ruínas (veja Ageu 1.2-6). Naquele momento, Iara e eu nos enxergamos como Zorobabel e Josué. Entendemos que as dificuldades financeiras que enfrentávamos eram reflexo direto do estado de ruína em que se encontrava o "Templo" — a igreja Encontro com Deus.

Enquanto líamos, encontramos promessas que nos encorajaram: Deus estava conosco (Ag 1.3), e as poucas pessoas que ainda restavam na igreja (todas as três!) permaneceriam ao nosso lado (Ag 1.14). Mesmo que tudo não mudasse do dia para a noite (Ag 2.3), deveríamos ser fortes e trabalhar (Ag 2.4), pois essa era a promessa que Deus havia feito a nós quando saímos da Inglaterra. Ao comparar nossa saída com a do povo hebreu deixando o Egito entendemos que Deus estava reafirmando sua presença conosco, assim como estivera com Zorobabel e Josué. Essa palavra nos trouxe grande conforto.

Além disso, percebemos que Deus nos garantiria os recursos necessários (Ag 2.8) e que a obra que iríamos realizar faria com que a glória da segunda casa fosse ainda maior que a da primeira. Acima de tudo, a paz de Deus estaria presente (Ag 2.9). Naquele momento, nossa missão ficou clara: reconstruir a casa de Deus — restaurar a igreja Encontro com Deus.

Ficamos tão impactados com essa revelação que, assim que voltamos de Florianópolis, procuramos marcar um encontro com o pastor e sua esposa. Compartilhamos com eles o que havíamos recebido da parte de Deus e sua resposta foi imediata: — Graças a Deus, estávamos orando para que vocês assumissem a igreja.

Fomos recebidos de braços abertos, oramos juntos e recebemos muitas palavras de bênção. Nos dias seguintes, após a assinatura de alguns documentos, a liderança da igreja foi oficialmente passada para nós.

Estávamos em março, e finalmente compreendíamos o motivo de estarmos ali. No entanto, ao olhar ao redor, confesso que a visão não era nada animadora. Tudo o que tínhamos era uma igreja em ruínas, uma congregação minúscula e um orfanato à beira do colapso. Mas tínhamos convicção de que Deus nos queria exatamente ali — e nossa missão estava claramente revelada: reerguer a igreja Encontro com Deus e realizar o melhor trabalho possível.

Patrick e Iara na Igreja no Orfanato em 1998.

6

As coisas pioram ainda mais

Vocês, na verdade, planejaram o mal contra mim; porém Deus o tornou em bem, para fazer, como estão vendo agora, que se conserve a vida de muita gente.
Gênesis 50.20

Desafios e reconciliação na liderança

Iara e eu agora éramos oficialmente responsáveis pela igreja Encontro com Deus, que ficava no mesmo terreno de um orfanato, em uma comunidade na periferia de Curitiba. Certamente, não era um dos ambientes mais fáceis para se trabalhar. Desde o nosso primeiro acordo verbal, a igreja estava sob minha responsabilidade, mas a tramitação da documentação para que eu me tornasse legalmente responsável por ela levou mais de um ano.

Enfrentamos muita resistência ao nosso trabalho, e surgiram inúmeros obstáculos para impedir a reconstrução e o crescimento da igreja. Embora nunca tenha sido muito grande, por muitos anos a Encontro com Deus foi extremamente abençoada e se tornou um lugar significativo para muitas pessoas no início de sua fé. Homens e mulheres cresceram espiritualmente ali, sendo Iara um dos primeiros exemplos.

No entanto, para tristeza de todos, durante os quase dois anos em que Iara esteve na Inglaterra, a igreja enfrentou grandes dificuldades e surgiram muitas disputas internas entre a liderança. Como mencionado anteriormente, quase todos os obreiros já haviam saído, amargurados e tristes. Diante disso, Iara e eu fomos a cada um desses casais pedir perdão em nome da igreja.

Explicamos que, mesmo não estando presentes durante o período em que as pessoas saíram, assumimos a responsabilidade de tentar restaurar a comunhão e, para isso, nos arrependemos em nome da igreja e pedimos perdão pelos erros cometidos por líderes anteriores. Nosso objetivo era promover reconciliação. Ouvimos todas as queixas possíveis e vimos que muitas pessoas estavam feridas, carregando sentimentos e palavras de acusação. Com humildade, imploramos perdão e pedimos que abandonassem o passado.

Muitos perdoaram, mas, apesar de nossa esperança, não voltaram para a igreja. Ainda assim, encorajados pelas palavras de Ageu, entendemos que não era a quantidade que importava, mas que a obra poderia florescer a partir de um remanescente fiel.

O desafio de reconstruir a igreja e superar limitações

Admito que, muitas vezes, senti que não estava preparado o suficiente para realizar o trabalho que a condução da igreja exigia. Havia três cultos semanais nos quais eu pregava, além de um estudo bíblico, e meu português estava longe de ser adequado. Durante vários meses, preguei em inglês enquanto Iara traduzia para o português. Nesse tempo, experimentamos o cuidado fiel do Senhor com sua obra. Depois de sete meses no Brasil, preguei meu primeiro sermão em português. Deus me abençoou tremendamente no aprendizado da língua.

Inspirado pelas narrativas bíblicas, refleti sobre a rebeldia do povo na construção da Torre de Babel, em Gênesis 11. Ali, Deus criou a diversidade de línguas como uma barreira para conter o progresso desenfreado da humanidade. Essa estratégia foi tão eficaz que, até hoje, uma das maiores dificuldades do mundo é a comunicação entre diferentes povos. No entanto, essa mesma confusão linguística também dificulta a propagação do amor de Deus. Por isso, fiz um pedido àquele que criou essa diversidade: que me ajudasse a proclamar sua Palavra em português. Orei para que ele me capacitasse, e o milagre aconteceu. Sete meses depois de pisar em solo brasileiro, preguei, pela primeira vez, sem precisar de tradução. Até o "r", tão temido pelos estrangeiros, ele me ajudou a pronunciar corretamente! Já não falava mais como o Cebolinha![4]

Assim como precisava reconstruir a igreja por meio da pregação e da orientação pastoral, também precisava reconstrui-la fisicamente. Apesar de ser um prédio pequeno, de apenas cinco por dez metros, havia muito a ser feito. Até então, eu nunca havia feito qualquer trabalho manual na vida, mas agora me via diante de um templo com vidros quebrados, um banheiro imundo, bancos destruídos, fios expostos por todos os lados e uma infinidade de riscos à saúde e segurança. O local estava embolorado e infestado de pernilongos. Não era um espaço adequado para realizar cultos. Rapidamente, aprendi a usar uma furadeira, mexer com encanamento e até trocar vidros.

4 Cebolinha é um dos personagens principais da Turma da Mônica, criação do cartunista Mauricio de Sousa.

Tudo era novidade para mim, e um grande desafio. Durante muito tempo, eu me recusava a ser chamado de pastor, pois não me sentia capacitado nem com legitimidade para ter esse título. Talvez seja apenas um comentário, mas acredito que teria sido mais fácil começar algo do zero do que assumir uma obra já tão desgastada.

De forma lenta, mas consistente, a congregação começou a crescer em número, e decidimos comprar mais 60 cadeiras, certos de que mais pessoas iriam chegar. Algumas pessoas muito especiais vieram nos ajudar com o trabalho, entre elas um jovem chamado Daniel, que tinha bastante experiência com crianças. Ele conhecia muitas músicas infantis e tinha um repertório extenso de peças teatrais e atividades voltadas para os pequenos. Assim, começou a conduzir a escolinha das crianças durante as pregações nos cultos, dando suporte aos pais na orientação de seus filhos.

O trabalho no orfanato e o cuidado com as crianças

Enquanto eu aprendia, na prática, a ser pastor, também me envolvia no trabalho do orfanato. No início, quando foi fundado, o orfanato abrigava apenas 20 crianças, mas quando chegamos ao Brasil, ele já havia crescido consideravelmente e acolhia cerca de 55 crianças, sendo que 40 viviam em regime de internato e as outras 15 retornavam aos seus lares diariamente. Uma equipe de 15 cuidadores se revezava no atendimento; alguns moravam no orfanato em tempo integral, enquanto outros trabalhavam apenas durante o dia. Muitas dessas crianças vinham de ambientes familiares extremamente difíceis e precisavam não só de ajuda, mas principalmente de amor. Como pastor da igreja, eu procurava ajudá-las, orando por elas, brincando e demonstrando atenção e cuidado.

Nos primeiros tempos à frente da igreja, duas histórias impactantes se destacaram: a de uma menina de três anos e a de um menino de apenas nove meses. A menina, por exemplo, fora acolhida com apenas nove meses de vida, após ter sido vítima de maus-tratos por parte do próprio pai. Seu pequeno corpo carregava marcas de queimaduras de cigarro, e ela chegou desnutrida, com o estômago inchado e uma grave infecção no sangue. Foi encontrada sozinha, em uma condição de extrema vulnerabilidade. Sua saúde era tão frágil que os médicos nos prepararam para a possibilidade de que ela não sobrevivesse. Como igreja, nos reunimos em oração por sua vida em todos os cultos. Para nossa alegria, em poucas semanas, ela começou a se recuperar e logo estava saudável.

Histórias de dor e restauração

Outro caso que nos marcou profundamente foi o de um menino que, desde muito pequeno, sofreu graves agressões dentro de casa. Quando tinha apenas quatro meses de idade, seus pais, embriagados, brigaram e, em meio à confusão, puxaram suas pernas em direções opostas, causando fraturas e comprometendo seriamente seus quadris. Em outro episódio de violência, tentaram sufocá-lo. Levado repetidamente ao hospital, foi apenas após alguns meses que o Conselho Tutelar interveio para garantir sua proteção. Quando chegou ao orfanato, ele estava com fratura craniana, resultado de uma nova agressão. O trauma era tão intenso que ele se balançava compulsivamente no berço, como se estivesse em estado de delírio. Os médicos acreditavam que, devido aos danos sofridos, ele nunca conseguiria andar.

Certa vez, ao visitar seu quarto, Iara foi tomada por uma profunda compaixão e, em prantos, começou a orar por sua cura. Para nossa surpresa e alegria, algumas semanas depois, ele começou a dar os primeiros passos. Com a igreja intercedendo continuamente por ele, sua saúde foi se fortalecendo gradativamente, e ele se tornou uma criança saudável e cheia de vida.

Os conflitos com a direção do orfanato

Naquele tempo, minha principal prioridade era a igreja, mas, ao perceber que a comunidade estava aos poucos sendo restaurada, senti que poderia dedicar mais tempo ao orfanato. Como estrangeiro, com minha formação e contatos no exterior, enxerguei oportunidades de contribuir significativamente em diversas áreas, especialmente na captação de recursos financeiros. Com o tempo, fui identificando desafios na gestão do orfanato e me empenhei para ajudar a resolvê-los.

Quando o orfanato foi fundado, era realmente um trabalho muito bonito, realizado com as melhores intenções e que beneficiou muitas pessoas. No entanto, ao longo dos anos, diversas dificuldades surgiram, deixando o orfanato em condições críticas, assim como encontramos a igreja. Hoje, olhando para trás, vejo que, de certa forma, me coloquei no papel de um "salvador da pátria", tentando resolver todos os problemas que via. Acabei ultrapassando vários limites ao tentar confrontar a administração do orfanato, mesmo acreditando que poderia ajudar. Como consequência, cada tentativa de envolvimento de minha parte foi recebida com desconfiança e suspeita. Rapidamente, passei a ser visto como uma ameaça à liderança do orfanato e me tornei alvo de resistência e desgosto.

É mais fácil falar sobre isso agora, com a clareza que o tempo proporciona, mas na época foi um choque para mim. Eu jamais esperava essa reação. Um orfanato afeta muitas vidas, e vê-lo em declínio gerava sofrimento para todos — principalmente para as crianças abrigadas ali. Nenhuma criança chega a um abrigo por vontade própria, e todos que chegavam ao orfanato já haviam enfrentado situações de extrema privação e violência. Agora, com as pressões da iminente falência da instituição, sofriam novamente.

Eu queria que tudo caminhasse melhor, e simplesmente não conseguia ficar quieto assistindo à desintegração do orfanato. Detestava vê-los sofrer e detestava me sentir impotente diante da situação. Meu desejo era trazer alegria, esperança e prosperidade àquele lugar. Amava as crianças e queria o melhor para elas. Do meu ponto de vista, eu havia feito um grande sacrifício ao deixar tudo para trás — família, amigos, estabilidade — e me angustiava ver as coisas saírem do controle. Contudo, em vez de melhorar, a situação só se agravava com o passar dos dias.

Diante de tantas frustrações e conflitos, cheguei ao ponto de pensar em desistir. O medo não me permitia simplesmente abandonar tudo, mas houve momentos em que parecia que a melhor opção seria ir embora.

A situação das mães no orfanato

Além das crianças do orfanato, havia também algumas mulheres — em sua maioria muito jovens e até adolescentes — que se sujeitavam a graves humilhações para poder morar ali com seus filhos. Vendo em Iara uma referência materna, elas frequentemente a procuravam para pedir oração e apoio, sempre relatando o tratamento difícil que recebiam da direção do orfanato.

Eram cerca de seis mulheres, vistas pela direção como mão de obra gratuita. Hoje consigo ver com clareza que se submetiam a uma forma de exploração, por meio de condições de trabalho abusivas. Permaneciam ali não apenas por falta de opções, mas também por medo. Sabiam que somente teriam acesso aos seus filhos se trabalhassem diligentemente na limpeza do orfanato. Duas dessas mães ainda eram adolescentes, e o medo que sentiam era tangível. Iara as aconselhava e eu tentava interceder junto à direção, mas, devido à quebra de confiança que já existia entre nós, meus apelos acabavam agravando ainda mais a situação. Como resposta, a direção advertia essas jovens mães para que não se aproximassem de nós.

O que mais me angustiava era a forma como essas mulheres viam a si mesmas. O orfanato, fundado por cristãs, se propunha a ser uma resposta às necessidades de pessoas em situação de vulnerabilidade. No entanto, as mães verbalizavam uma compreensão distorcida de sua própria condição: acreditavam que mereciam estar naquela situação deplorável e que tudo aquilo era consequência de sua desobediência a Deus. Estar ali era, para elas, parte de um castigo divino, onde deveriam aprender a se tornar melhores.

Essa forma de enxergar o mundo e compreender Deus me preocupava profundamente — e até hoje me preocupa. Mas as condições que enfrentavam pareciam apenas reforçar essa perspectiva. Uma dessas mulheres, que havia trabalhado em um bordel antes de ir para o orfanato, era responsável por lavar as roupas de todas as crianças. No inverno curitibano, quando a temperatura caía drasticamente, lembro-me de vê-la diante do tanque o dia inteiro, lavando roupas em água gelada, sem luvas, com as mãos rachadas e até sangrando pelo frio e pelo desgaste.

Ao conversar com ela, ficou evidente que acreditava que aquilo era o mínimo que merecia — ou que deveria passar por algo ainda pior — por conta da vida que tinha levado. Nosso desejo, meu e de Iara, era que essas mulheres experimentassem uma nova vida, e, acima de tudo, experimentassem a graça de Deus em vez da punição.

A oferta que mudou tudo

Em setembro de 1999, Iara, David e eu voltamos à Inglaterra para um período de três semanas de férias, das quais precisávamos com urgência. Desde que chegamos ao Brasil, eu escrevia regularmente boletins informativos para as pessoas da igreja em Chiswick, mencionando até mesmo as dificuldades com o orfanato, embora sem entrar em muitos detalhes. De volta ao meu país e apenas como visitante, era muito mais fácil relatar as coisas maravilhosas que Deus havia feito em nossa caminhada. Apesar das tribulações, a igreja Encontro com Deus estava crescendo e sendo grandemente abençoada. O único ponto no qual as dificuldades persistiam de forma extrema era o orfanato.

Parecia inadequado compartilhar com todos as dificuldades pessoais que Iara e eu enfrentávamos, mas foi um grande alívio poder conversar com o pastor da igreja e abrir meu coração. Contei a ele sobre as lutas diárias que estávamos vivendo em Curitiba, sem esconder nada. Ele me aconselhou de maneira muito equilibrada, dizendo:

— Ou você está no lugar errado e precisa sair, ou precisa de uma fé enorme para permanecer e acreditar na mudança.

Eu simplesmente sabia que Deus queria que eu permanecesse na igreja Encontro com Deus, então, para mim, não havia duas opções, apenas uma: continuar no lugar onde Deus me colocou e crer!

Durante nossa estadia na Inglaterra, recebemos uma doação impressionante que nos encorajou a continuar a batalha em Curitiba. Uma das maiores necessidades do orfanato era um micro-ônibus. As crianças não tinham como sair do local, pois o único meio de transporte disponível era um velho Monza. Como a comunidade era extremamente perigosa, elas praticamente não podiam brincar fora do pátio de concreto dentro do orfanato. Um micro-ônibus poderia literalmente abrir novas possibilidades para elas. E eu pensei: "Um presente desses não poderia ser mal interpretado... certo?"

Um casal maravilhoso de Chiswick ouviu sobre nosso trabalho no Brasil e veio até nós com o desejo de fazer uma doação generosa. Perguntaram se havia algo específico que precisávamos. Sabíamos que era o momento de mencionar o micro-ônibus. Na manhã seguinte, enquanto ainda estávamos de pijama, a mulher bateu à nossa porta e nos entregou o valor total necessário para a compra do veículo. Foi aí que apareceu, com toda clareza, a diferença entre ingleses e brasileiros: enquanto eu fiquei atordoado, em silêncio, apenas sussurrando um "muito obrigado", Iara gritou, bateu palmas e dançou de alegria!

Voltamos ao Brasil renovados, animados e agarrados à missão como nunca. Dois meses depois, o micro-ônibus finalmente chegou. As crianças ficaram maravilhadas! Temos inúmeras fotos delas, radiantes de felicidade, subindo e descendo pelo veículo prateado de doze lugares. Foi um momento glorioso. Fizemos um culto de ação de graças, celebramos a provisão de Deus e nos alegramos com as oportunidades que agora tínhamos de levá-las a parques, ao zoológico e a outros lugares que antes eram inacessíveis. Além disso, o veículo nos ajudaria a buscar doações e facilitar o dia a dia do orfanato. A alegria era imensa — finalmente, conseguiríamos realizar algo que antes parecia impossível.

Quando a porta se fecha

Mas, ah! Como sofremos quando as coisas não saem como imaginamos. Enquanto celebrávamos a chegada do micro-ônibus, a relação com a liderança do orfanato chegava a um ponto ainda pior. Eu acreditava que, com esse presente, eles perceberiam minha sincera intenção de ajudar e, ao menos, isso amenizaria as tensões. Mas aconteceu exatamente o oposto: a chegada do veículo foi a gota d'água.

Em uma decisão inexplicável e contrária a todo bom senso, a direção do orfanato rejeitou o micro-ônibus e se recusou a usá-lo. A questão nunca foi o veículo — era eu. Qualquer ajuda vinda de mim não era bem-vinda. O problema se tornou uma questão de orgulho e, por mais que tentássemos não conseguimos fazê-los mudar de ideia.

Acusaram-me de ter levantado dinheiro sem permissão, explorando as crianças para conseguir a doação. Em seguida, me proibiram de visitar o orfanato ou ter qualquer contato com as crianças. Declararam que nem eu nem a igreja éramos mais bem-vindos ali. Em pouco tempo, trocaram as fechaduras e nos deram um prazo para deixar o local. De forma abrupta, a porta que Deus nos abrira parecia ter sido brutalmente fechada. Tudo o que havia sido sonhado e orado durante dois anos desmoronou de uma só vez.

Se já era difícil entender tudo o que estava acontecendo, agora parecia impossível. Passamos noites em claro, com lágrimas escorrendo pelo rosto. Como reagir a essa situação? O sentimento de rejeição nos consumia, e, principalmente, o nosso orgulho foi profundamente ferido.

No meio de tudo isso, eu me perguntava: "E a minha fé? Crer em que agora?" Nesses momentos, tudo o que podíamos fazer era nos recolher em casa, clamar a Deus por direção e confiar que dias melhores viriam.

Patrick brincando com as crianças no pátio do Orfanato em 1999.

7

A tragédia com Daniel — Parte 1

Não é tolo aquele que abre mão do que não pode reter para ganhar o que não pode perder.[5]
Jim Elliot

O encontro com Daniel e sua visão para o Brasil

Daniel veio para nos ajudar no trabalho infantil da igreja. Ao relatar sua história, é necessário voltar no tempo, pois ela merece ser contada em um contexto mais amplo.

Estávamos em Curitiba havia aproximadamente cinco meses quando Deus nos colocou em contato com Daniel. Ele morava em um pequeno apartamento na mesma rua que nós. Trabalhando

5 Citação atribuída a Jim Elliot, in: ELLIOT, Elisabeth. Através dos portais do esplendor. (São Paulo/SP: Vida Nova, 2013): entrada de diário de 28 de outubro de 1949.

como engenheiro de telecomunicações, Daniel havia vindo de Fortaleza, capital do Ceará, no Nordeste brasileiro. Sua infância foi extremamente difícil, marcada por abusos e grandes dificuldades de relacionamento com o pai. Na adolescência, sofreu ainda mais com a perda trágica da mãe, que faleceu em seus braços. No entanto, como acontece com muitas pessoas que enfrentam sérias dificuldades na infância, ele encontrou em Jesus a segurança e o pertencimento que tanto buscava.

Durante a minha vida, conheci poucas pessoas que amam Deus com a mesma intensidade de Daniel. Sua fé transbordava em todas as áreas da sua vida — em sua maneira de falar, agir e em como dedicava seu tempo e sonhos.

Daniel era uma pessoa aberta e pura, sempre disposto a compartilhar as experiências que teve com Deus. Logo após conhecê-lo, ele me contou uma visão que teve sobre o Brasil. Ele viu o mapa do país e o associou ao formato da chama olímpica. A base do fogo, segundo ele, representava os três estados do Sul, onde a chama se originava. O topo, onde o fogo queimava de forma mais livre e intensa, simbolizava sua amada terra, o Norte e o Nordeste do Brasil.

De acordo com essa visão, o Sul do país amparava o Norte, tanto financeiramente quanto no treinamento e na formação de líderes cristãos e missionários para obras sociais. Ele entendia que era vontade de Deus trazer pessoas das regiões Norte e Nordeste para receberem preparo transcultural no Sul, antes de retornarem às suas cidades para cumprir sua vocação.

Para Daniel, a liberdade de fé do Norte e Nordeste era algo poderoso e genuíno, um mover do Espírito de Deus. Mas, para que esse fogo celestial pudesse alcançar o mundo, era necessário que muitos do Norte conhecessem o Sul e aprendessem a se comunicar e a lidar com as diferenças culturais. O Sul, mais reservado e racional, era muito mais difícil de ser convencido.

Assim, inspirado por essa visão que valorizava o melhor de ambas as regiões, Daniel colocou sua missão em prática.

Mesmo morando em um pequeno apartamento, hospedava continuamente pastores e cristãos vindos do Norte e Nordeste, desejando que o mesmo amor de Deus que ele havia experimentado pudesse tocar o mundo por meio da diversidade regional do Brasil.

Uma vida de entrega e dedicação

Esse zelo significava que Daniel não podia permanecer quieto. Ele estava tão dedicado a divulgar sua mensagem que se envolvia com quase todas as igrejas de Curitiba. Conhecemo-nos logo no início da minha caminhada pastoral, e ele se tornou uma grande fonte de encorajamento para mim. Foi, inclusive, a primeira pessoa a me chamar de "pastor". Eu não tinha qualquer treinamento formal para a função pastoral e, na época, sentia-me desconfortável em assumir esse título. Mas Daniel sempre me incentivava a crescer e a aceitar minha posição de liderança, apesar de eu ainda não ter nem trinta anos.

No entanto, devido às feridas de sua infância, Daniel carregava muitas cicatrizes emocionais, que causavam grande angústia em sua alma. Iara e eu conversávamos muito com ele sobre isso, e pudemos vê-lo se fortalecer e se libertar de muitos fardos. Um momento particularmente marcante aconteceu durante um culto regular aos sábados, chamado "Manhã com o Espírito Santo". Naquele dia, Deus nos presenteou com o pai de Daniel, que havia vindo do Nordeste, e ele teve a oportunidade de se reconciliar com o pai e liberar perdão. Lembro-me de vê-los chorando juntos por horas, em um momento profundo, emocionante e inspirador. Foi uma reconciliação genuína entre pai e filho, que permitiu que o amor fluísse novamente entre eles. Na época, isso me remeteu muito à minha própria experiência de perdão e reconciliação com meu pai. Como esses processos impactam profundamente nossas vidas! O princípio do perdão tem um poder imenso para restaurar a alma. As palavras de Jesus na cruz: — *Pai, perdoa-lhes, porque não sabem o que fazem* (Lc 23.34), diante da maior injustiça individual e estrutural, estendem a nós a possibilidade de perdoar e sermos perdoados.

O talento e a visão pelas crianças

Havia uma área específica em que Daniel era excepcional: o trabalho com crianças. Já tínhamos alguns fantoches que usávamos para ensinar histórias bíblicas, mas foi ele, com suas vozes engraçadas e sua energia contagiante, que deu vida a eles. Lembro-me de sua performance no primeiro aniversário do meu filho, quando saltava freneticamente pelo salão com um fantoche nas mãos, encantando e causando alvoroço tanto entre as crianças quanto entre os adultos. Ele tinha talento e um senso de humor extraordinário. As pessoas adoravam estar em sua companhia.

Rapidamente, Daniel assumiu os cultos infantis da igreja. Como nossa igreja estava localizada dentro de um orfanato, ele tinha uma congregação maior do que a minha! As sessenta crianças (ou até mais) que participavam regularmente da Escola Dominical simplesmente o adoravam. Sua energia e entusiasmo eram contagiantes, e ele ensinava muitas músicas e corinhos. Ele tinha uma presença única, uma aura que cativava todas as crianças.

Daniel nunca parecia esmorecer, apesar de, muitas vezes, sofrer com problemas de gastrite, que o mantinham perigosamente abaixo do peso. Ele jamais reclamava ou demonstrava qualquer preocupação com sua própria saúde, mesmo quando não estava bem. Nós nos preocupávamos de verdade com ele e, por diversas vezes, aconselhamos que descansasse e desse um tempo para que seu estômago pudesse se recuperar. Mas, para ele, a motivação de falar do amor de Deus sempre se sobrepunha a qualquer outra questão. Nesse aspecto, era inflexível, e sua resposta à nossa preocupação nunca mudava:

— Eu tenho que falar de Jesus às pessoas.

O chamado e a determinação de Daniel

Os eventos que se seguiram marcaram um dos períodos mais dramáticos e desafiadores da minha vida. Em outubro de 1998, Daniel se envolveu em mais um projeto. Ele ofereceu seus serviços para trabalhar em uma escola de treinamento missionário com a qual não tínhamos qualquer vínculo prévio. Iara e eu o aconselhamos e tentamos fazer o máximo para mantê-lo com os pés no chão, mas seu grande ímpeto o impedia de acolher todos os nossos conselhos.

No meio da multidão de missionários em formação, Daniel passou a trabalhar com dois jovens que eram moradores de rua, que haviam sido adotados e estavam tentando construir um novo caminho. No entanto, esses dois jovens estavam gerando grandes problemas para a liderança do projeto. Apesar de estarem participando de um treinamento missionário, foram pegos praticando pequenos furtos e, por isso, foram dispensados do programa. Daniel, movido por sua compaixão e pela convicção de que todos merecem uma segunda chance, aconselhou-os a voltar e pedir perdão à liderança da escola. Seu desejo era promover reconciliação, ajudando-os a buscar perdão e uma nova aceitação dentro do grupo que haviam decepcionado.

O desaparecimento e a descoberta chocante

Com o crescente envolvimento de Daniel na vida desses dois rapazes, nossos contatos diminuíram um pouco, mas, como éramos vizinhos no centro de Curitiba, ainda nos víamos com frequência. Até que, em novembro daquele ano, passaram-se três dias sem que tivéssemos notícias ou qualquer sinal dele. De repente, começamos a nos preocupar e a nos perguntar se algo estava errado. No quarto dia, recebemos um telefonema de seu chefe informando que a polícia havia encontrado sua carteira de identidade e sua carteira de motorista na cidade de Palmeiras, a cerca de duas horas de carro no interior do Paraná.

Tentamos ligar para seu apartamento pelo interfone: nenhuma resposta. Ligamos para seu celular: também nenhuma resposta. Nosso primeiro pensamento foi que ele pudesse ter sido sequestrado. Tentamos de todas as formas localizá-lo, mas começamos a ficar cada vez mais inquietos, pois ninguém sabia dele havia quatro dias.

Algo estava errado, isso era claro. Então, Iara e eu decidimos ir até o prédio dele e forçar a porta do apartamento para garantir que ele não estivesse ali, talvez debilitado por conta de seus problemas de saúde. Pegamos David no colo e fomos até lá. Para nosso horror, quando chegamos, a polícia já estava no local interditando a porta. Poucos minutos antes de chegarmos, os policiais haviam arrombado o apartamento e se deparado com uma cena devastadora. Daniel estava caído no chão, vítima de um ataque brutal. Ele havia sido estrangulado e assassinado.

O impacto da morte de Daniel

Ficamos totalmente estarrecidos e devastados. Como isso podia ter acontecido? Nosso amigo, que acompanháramos e discipuláramos, agora estava morto. Deparar-se com tamanha brutalidade e com a realidade de que vivemos em um mundo que é um verdadeiro campo de batalha entre o bem e o mal nos abalou profundamente. Tudo parecia indicar que o mal havia vencido.

A morte cruel de Daniel chamou a atenção dos jornais locais, o que aumentou nossa apreensão. Oramos muito para que sua história não fosse distorcida. Sabíamos que a mídia poderia facilmente deturpar, principalmente pelo fato de Daniel ser solteiro, havia o temor de insinuarem um crime passional ou outro escândalo qualquer. Somos extremamente gratos porque isso não aconteceu. A verdade foi preservada: um jovem cristão foi brutalmente assassinado por nada além de um telefone celular e um carro.

Como Daniel era do Nordeste, seu corpo foi encaminhado ao IML e, depois, enviado para sua cidade natal. Nosso apartamento transformou-se em um espaço de vigília e consolo, onde amigos de Daniel choraram, oraram e tentaram compreender os acontecimentos. Naquela noite, cerca de vinte a trinta jovens se reuniram em nossa casa, imersos em um misto de confusão, dor e profunda angústia. Mas, no meio de tantas emoções intensas, Deus começou a ministrar aos nossos corações.

O Consolador e a redenção da dor

Um dos nomes do Espírito Santo é Consolador, e, naquele momento, esse seu papel se revelou com uma ternura que jamais havíamos experimentado. Passamos por uma avalanche de sentimentos, mas, de forma suave, ele nos acalmou. Foi como se Deus chorasse conosco e, por nos compreender, removesse o peso do nosso sofrimento. Passamos uma semana de profunda dor, mas o Espírito Santo trabalhou em nossos corações, nos assegurando que Daniel estava com ele. Daniel morreu como um mártir no verdadeiro sentido da palavra — por acreditar na transformação do seu próximo.

Naquela semana, continuamos a realizar encontros em nosso apartamento. Um amigo de Daniel, um pastor muito simples que conhecera a rua como lar por muitos anos, veio até nós.

Ele trazia uma visão espiritual profunda e ministrou ao nosso coração por meio de cânticos simples, mas cheios de unção. Eu precisava ser liberto do fardo de culpa que havia caído sobre mim desde a morte de Daniel. Havia um lado meu que se sentia responsável. Como seu pastor e amigo, talvez eu devesse tê-lo advertido mais, ou vigiado e acalmado seu ímpeto. Mas, no meio daqueles cânticos, esses sentimentos começaram a se dissipar. Tive um entendimento profundo: para que haja mudança, sempre alguém precisa colocar a própria vida em segundo plano. Se ninguém estiver disposto a isso, os desabrigados, os marginalizados e aqueles que ninguém deseja tocar por medo jamais terão uma oportunidade de transformação.

Recebemos a certeza de que Daniel, agora sentado nos céus, havia recebido uma coroa de glória por sua fidelidade até o fim. Quando nossa tristeza passou, conseguimos compreender que ele estava onde deveria estar.

A vida de Daniel teve um impacto tremendo sobre mim e sobre minha vocação. Senti que precisava ressignificar seu sacrifício e honrar sua memória. Essa é uma afirmação forte, que pode até ser mal-interpretada, mas creio firmemente que ela se harmoniza com o espírito de Apocalipse 17.6, que menciona *o sangue das testemunhas de Jesus*. Ao longo da história da igreja, pessoas têm sido mortas por sua fé e pelo valor de acreditar em Deus.

Daniel semeou em nossas vidas algo imensurável. Seu legado permanece vivo, e comprometo-me a manter sua memória viva como testemunho de fé, amor e entrega. Seu sangue não foi derramado em vão, foi um testemunho de amor a Jesus e ao próximo.

8

Novos começos

Nunca tenha medo de confiar um futuro desconhecido a um Deus conhecido.[6]
Corrie ten Boom

A busca por um novo caminho

Ser pastor sem uma igreja é uma experiência desconcertante, e você começa realmente a se perguntar se está fazendo algo errado. Apesar de todas as provações e tribulações, Iara e eu estávamos convencidos de que deveríamos permanecer no Brasil. No entanto, não foi simples definir qual seria o próximo passo.

Um pequeno grupo de pessoas permaneceu fiel, o que nos trouxe grande consolo. Não deixamos de nos encontrar apenas porque havíamos sido impedidos de acessar o prédio da igreja.

---

6 TEN BOOM, Corrie; SHERRILL, John; SHERRILL, Elizabeth. *O Refúgio Secreto.* (Curitiba/PR: Editora Betânia, 1980.)

Passamos a nos reunir em vários lugares: em cozinhas e salas de estar apertadas, onde orávamos, cantávamos e líamos a Bíblia. Esperamos algum tempo para ver se as coisas se resolveriam e poderíamos voltar para a igreja, mas, com o passar dos meses, tornou-se óbvio que isso não aconteceria. É claro que os locais onde nos reuníamos estavam longe do ideal — apertados e superlotados — e nem sempre bem-recebidos pelos vizinhos!

No início de dezembro de 1999 conhecemos uma família que se tornaria fundamental para o trabalho que estava por vir. Eles haviam sido convidados para morar com seus três filhos em uma pequena casa alugada pelo orfanato, localizada a aproximadamente dois quilômetros de distância. Em troca, deveriam cuidar de até dez crianças que não podiam ser acomodadas no orfanato principal. Nilson e Nilcelene, os responsáveis pela casa, foram sinceros desde o início. Disseram-me que trabalhar com crianças em situação de vulnerabilidade era algo totalmente novo para eles, mas que estavam dispostos a fazer o melhor com o que tinham em mãos.

Nilson trabalhava como conselheiro tutelar e, por conta da experiência na fiscalização de trabalhos sociais, logo percebeu as irregularidades presentes no orfanato. Ele expressou suas preocupações para a liderança, explicando que permanecer vinculado ao local poderia ser interpretado como conivência com as práticas ali realizadas. No entanto, ninguém quis ouvir suas críticas, e, por isso, ele e sua família também tomaram a difícil decisão de sair.

O pedido de ajuda e o nascimento da Casa Lar

Tudo estava acontecendo muito rápido e eu não tinha outra opção senão confiar que tomaria as decisões certas, indo às pessoas e lugares certos. Durante os primeiros meses do ano 2000, eu agia por instinto, sem ainda compreender plenamente a dimensão da responsabilidade que recaía sobre mim. Foi então que começamos a receber telefonemas de algumas das jovens mães que havíamos conhecido no orfanato. Elas haviam fugido e pediam nosso socorro.

Quando nosso relacionamento com o orfanato terminou, essas mulheres já eram proibidas de falar conosco. Algumas ainda conseguiam se comunicar às escondidas, mas, quando fomos impedidos de entrar definitivamente, ficaram completamente isoladas. Uma a uma, fugiram do orfanato. Tentaram sobreviver da melhor forma que puderam, mas logo se viram em situação de risco, desamparadas e temendo perder a guarda de seus filhos. Sabiam que, se fossem encontradas, poderiam perder o direito de permanecer com seus filhos. Conseguiram nos contatar por meio de uma pessoa do bairro que ainda mantinha contato conosco e, com muito receio, perguntavam se teríamos um lugar para elas ficarem.

Nilson e sua família estavam sem moradia e, em meio a essa confusão, acabaram entrando nessa jornada comigo. Nenhum de nós se sentia plenamente preparado para assumir tamanha responsabilidade, mas minha revolta com o orfanato era tamanha que eu estava determinado a não deixar que aquelas mulheres voltassem para lá.

Então, tomamos um passo de fé: Iara e eu iniciamos o processo de locação de uma casa para Nilson e sua família, com a condição de que estivessem prontos para receber, em breve, as mães que haviam fugido do orfanato. Assim, nasceu a primeira casa de abrigo. Encontramos rapidamente um imóvel adequado e, no final de janeiro de 2000, entregamos a Nilson e sua família a nova casa, que passou a ser carinhosamente chamada de "Casa Lar".

Uma escolha arriscada

Naquele momento, a situação era extremamente delicada. Algumas dessas mães tinham menos de dezoito anos, e não contávamos com respaldo legal para acolhê-las. A decisão correta teria sido acionar as autoridades, mas sabíamos que, se fizéssemos isso, elas seriam reenviadas diretamente ao orfanato — o que, para nós, não era uma opção. Sem plena compreensão dos riscos que estávamos assumindo nem da ilegalidade envolvida, colocamos nossa própria segurança em jogo para ajudá-las.

Hoje, olhando para trás, percebo que nossas intenções estavam certas, mas que, sendo desconhecidos e, em grande parte, motivados pela indignação e por um senso de justiça própria, certamente não agimos com cautela. Não buscamos essa situação, mas, uma vez que ela surgiu, tornou-se impossível ignorá-la. Essas mulheres estavam lutando para permanecer com seus filhos e sua determinação era admirável. A questão era: Será que eu estava disposto a colocar meu nome em risco por essas mães, que sequer tinham o direito de serem ouvidas? Não vi outra opção. Decidimos ajudá-las e abrigá-las com seus filhos.

Nilson e Nilcelene já tinham experiência no cuidado de crianças do orfanato, e eu confiava plenamente que fariam esse trabalho com excelência. Eles já estavam morando na casa havia um mês quando os avisamos que precisavam estar prontos para acolher as primeiras mães. Tudo aconteceu de forma tão rápida que mal tivemos tempo para refletir sobre a magnitude do que estávamos fazendo.

Eu jamais havia pensado em abrir uma obra social própria. Não fazia ideia de que isso fazia parte da minha vocação. Até então, minha atenção estava voltada apenas para a igreja, os cultos e o trabalho pastoral. Mas as circunstâncias se desenrolaram de forma tão clara que se tornou impossível ignorá-las.

Foi assim que nasceu a "Casa Lar"

Para que o projeto fosse legalmente reconhecido, tivemos que atravessar um verdadeiro labirinto de normas, trâmites e burocracias. Mas, em junho daquele mesmo ano, tudo estava finalmente regularizado. A fase de informalidade da Casa Lar havia terminado.

Foi um grande risco termos acolhido essas mães e crianças sem qualquer respaldo formal, enquanto aguardávamos a aprovação oficial dos órgãos governamentais. Fizemos tudo na ordem inversa — primeiro vieram as crianças, depois criamos um lar para abrigá-las. Mas era imperativo que agíssemos assim, ou elas estariam expostas a perigos ainda maiores.

Atuei por instinto, tomando as decisões que pareciam corretas naquele momento. Tudo estava acontecendo tão rápido que não havia tempo para orações longas a cada decisão. Orava brevemente ao Senhor e, em seguida, tomava as providências necessárias. Minha verdadeira oração era para que meus passos estivessem alinhados com o melhor para aquelas vidas que agora estavam sob nossa responsabilidade.

Para duas das meninas com seus filhos, a mudança para a "Casa Lar" foi relativamente simples, já que ambas eram maiores de idade. Assim, não havia obstáculos legais imediatos quanto à sua permanência conosco. Nenhuma das duas tinha para onde ir caso deixassem o orfanato, e ambas precisavam cuidar de seus bebês, portanto, éramos sua única esperança. Quando lhes oferecemos um lugar na Casa Lar, aceitaram. No entanto, levou algum tempo para que se convencessem de que estavam realmente seguras conosco. Elas estavam traumatizadas e, apesar de buscarem nosso apoio, viviam apavoradas com a possibilidade de serem forçadas a voltar ao orfanato e sofrerem represálias por sua fuga.

A situação foi mais complicada com a última mãe, pois ela tinha apenas 16 anos. Com um bebê de colo, ela sabia que queria ficar com Nilson e Nilcelene, pois já havia morado por um curto período com eles na casa que pertencia ao orfanato. No entanto, sua situação era delicada. Desde pequena, fora obrigada a viver em abrigos, pois sua família considerava que ela era problemática. Nunca conheceu sua mãe, e seu pai estava preso em São Paulo por assassinato. Criada por uma tia, foi expulsa de casa quando surgiram suspeitas de que o marido dessa tia sentia atração por ela. Sem ter para onde ir, acabou morando na rua.

O único membro da família que mantinha contato com ela era um tio, mas ele sempre se recusou a oferecer abrigo, temendo que ela pudesse trazer-lhe complicações. No entanto, sabíamos que, se tivéssemos o apoio desse tio, teríamos uma chance de assegurar sua permanência na Casa Lar diante das autoridades. Ele era a única possibilidade para que sua situação fosse regularizada. Graças a Deus, esse homem foi bastante sensato e percebeu que não só éramos sérios e bem-intencionados, mas que também estávamos oferecendo à sua sobrinha uma oportunidade real de mudança de vida.

Conseguimos convencê-lo a se tornar seu tutor legal, pois, sendo parente próximo, ele tinha essa prerrogativa. Em seguida, ele nos deu a autorização necessária para que ela morasse conosco. O mais curioso é que ele concordou em ser seu guardião apenas com a condição de que ela permanecesse na Casa Lar, tal era seu receio. Mas, com essa autorização, finalmente conseguimos legalizar sua estadia. Foram necessários muitas reuniões, longas conversas, inúmeros trâmites e, sobretudo, muita oração até que ela pudesse, enfim, vir morar na Casa Lar.

A denúncia e a ameaça de fechamento

No meio de tudo isso, quando comecei a sentir que as coisas estavam finalmente se estabilizando, nossa casa foi denunciada. Não sei exatamente por que, mas certamente não se tratava de alguma atividade indevida, muito menos algo tão absurdo quanto a acusação que recebemos. Essa denúncia infundada complicou ainda mais a vida de Nilson. Como conselheiro tutelar, ele poderia perder o emprego por conta desse tipo de exposição.

Tentei ajudá-lo, indo até o Conselho de Trabalho, onde eu havia conhecido anteriormente uma pessoa influente. No entanto, ao me reunir com essa pessoa, fiquei chocado com o que ouvi. Ela foi categórica: Nilson seria demitido até o final daquela semana. Pouco depois, nos informaram que a Casa Lar seria fechada, pois tudo o que estávamos fazendo não possuía respaldo legal.

Naquele momento, a Casa ainda não estava plenamente regularizada, mas ficou claro que essa autoridade estava extrapolando suas atribuições ao interferir diretamente em nosso trabalho. Dentro de uma semana, ela foi transferida para outro departamento e, a partir de então, não exerceu mais qualquer influência sobre Nilson ou sobre a Casa Lar.

Hoje, olhando para trás, mal consigo me lembrar dos detalhes com clareza, mas relato essas experiências para demonstrar o quão instável foi o início desse projeto. Por pouco, poderíamos ter sido impedidos de continuar em diversos momentos.

A virada inesperada

Diariamente, enfrentávamos novas batalhas e desafios. Recebíamos conselhos de todos os lados, mas ninguém realmente sabia como resolver a situação que nos cercava. No entanto, depois que o caso de Nilson foi resolvido, a atmosfera ao nosso redor começou a mudar.

De repente, as autoridades passaram a nos ver com outros olhos. Minha reputação mudou: antes, me viam como um estrangeiro desorientado, supostamente à frente de alguma operação ilícita envolvendo tráfico de mulheres; agora, eu era considerado apenas um pastor inglês um tanto inexperiente. E isso já era um grande avanço!

Ainda assim, tive que lidar com insinuações descabidas. Em algumas ocasiões, cheguei a ser questionado se estava envolvido com tráfico humano. Minha única resposta possível era:

— Se eu fosse um traficante internacional de mulheres, pelo menos sou um traficante muito ruim, porque ninguém desapareceu!

O encontro decisivo

Um advogado amigo me aconselhou a ir diretamente à maior autoridade possível, ao chefe do Judiciário na área da infância, e explicar abertamente o que eu estava tentando fazer. Consegui o número de telefone desse homem e marquei um encontro.

Ele era extremamente conhecido e influente na área da infância na época, então, quando entrei no seu escritório, meus joelhos tremiam. Mais uma vez, vesti meu melhor terno e orei sem parar durante os 45 minutos que passei esperando na sala de recepção.

Quando finalmente me chamou, ele começou a despachar papéis sem sequer olhar para mim. Falava comigo com frieza e ceticismo, enquanto continuava assinando documentos.

De repente, sua voz ficou mais grave e sua expressão se fechou. Ele me encarou e disse de forma agressiva:

— Você está mexendo com a pessoa errada. Há alguns meses, eu fechei um orfanato dirigido por um dos seus chamados "pastores".

Enquanto falava, levantou-se e pegou um arquivo, de onde retirou uma fotografia horrível de um homem nu com uma criança. Jogou o papel sobre sua mesa e apontou para a imagem:

— Este homem se dizia pastor! — disse ele, com visível desprezo. — E eu fechei o trabalho dele para salvar essas crianças de pessoas assim.

Então, ele olhou diretamente nos meus olhos e perguntou:

— Você também abusa de crianças?

Senti-me como um réu diante de um juiz severo. Minha alma clamava por socorro. Seu tom de voz permaneceu o mesmo, mas suas perguntas mudaram:

— O que você está fazendo aqui?

Aquele era o meu momento de me explicar. Fiz um resumo dos últimos dois anos, sem desonrar o nome do orfanato, mas deixando claro que não trabalhávamos mais juntos. Expliquei nossa intenção com a Casa Lar, um local destinado ao acolhimento de jovens mães e seus filhos, e como estávamos no processo de solicitar a legalização do projeto. Ele permaneceu sentado, ouvindo atentamente. No final, olhou nos meus olhos e disse:

— Não sei por que, mas eu acredito em você.

Foi uma virada surpreendente e cheia de graça. Dado o enorme poder que esse homem tinha, percebi que se ele decidisse não gostar de mim, nosso projeto teria sido encerrado naquele mesmo dia. Esse episódio me lembrou do livro de Ester, do momento em que ela entrou na presença do rei e este lhe estendeu o cetro de ouro. Se o rei não quisesse vê-la, ela poderia ser condenada à morte.

Assim me senti: se ele tivesse decidido que eu não era confiável, a Casa Lar teria sido fechada rapidamente.

O reconhecimento oficial

Desde aquele dia, jamais enfrentamos novos conflitos com a Casa Lar. O projeto se estabeleceu oficialmente, conquistamos o respeito da comunidade e recebemos a aprovação da prefeitura e das autoridades que fiscalizavam nosso trabalho.

Ainda não contávamos com um templo para congregar, mas tínhamos a Casa Lar, com mães e três bebês para cuidar. Em abril de 2000, percebemos que não havia mais chances de retornarmos à antiga igreja e que não desejávamos mais continuar nos reunindo de casa em casa.

Começamos a procurar um espaço próprio. Curiosamente, o novo local que encontramos ficava exatamente do outro lado da rua da Casa Lar. Era pequeno, estreito como uma garagem, com apenas três metros de largura, mas tinha 20 metros de profundidade. Reformamos o espaço com nova pintura e colocamos um novo piso.

Nossa pequena congregação estava maravilhada com o novo espaço, e, com a Casa Lar bem em frente, sabíamos que o tempo de reconhecer as bênçãos do Senhor havia chegado.

Visita ao Zoológico com as meninas da Casa Lar em 2000.

9

O milagre na vida do pequeno Gabriel

Não morrerei; pelo contrário, viverei
e contarei as obras do Senhor.
Salmos 118.17

Uma família marcada pela fé e pela dor

A família Belo Santos é uma das que permaneceram na igreja. Quando vejo como suas vidas se entrelaçam com a igreja Encontro com Deus, sou compelido a incluí-los nesta história.

Um diagnóstico devastador

Eles começaram a congregar conosco em maio de 1999. Sempre foram muito dedicados à igreja e à comunidade. Adailton serviu como tesoureiro e pregador, enquanto Luciana, sua esposa, dirigiu o ministério infantil. Eles têm três filhos: Lucas, Gabriel e André, que cresceram fortes e abençoados. No entanto, nem sempre foi assim. Quem os vê agora dificilmente imagina tudo pelo que passaram. Eles chegaram à igreja em meio a muitas provas e tribulações.

Adailton e Luciana cresceram próximos em Salvador, capital da Bahia. Suas famílias eram muito amigas, e a mãe de Luciana costumava brincar que os dois um dia se casariam, já que Adailton, alguns anos mais velho, sempre ficava encantado ao olhar para o berço dela. À medida que Luciana crescia, ele continuava sendo seu protetor. Ambos vinham de lares cristãos e seus pais eram pastores. No entanto, suas experiências com a fé e com a igreja foram muito diferentes. Enquanto Adailton teve uma infância tranquila na igreja e via o ministério de seu pai como um ambiente de harmonia, Luciana teve uma vivência muito mais conturbada, o que a deixou bastante cética em relação à igreja e até à sua própria fé.

Eles começaram a namorar quando Luciana ainda era adolescente, e, aos 16 anos, ela engravidou. Adailton ficou chocado com a gravidez e horrorizado consigo mesmo por ter permitido que isso acontecesse. Como cristão praticante, ele sabia perfeitamente que o relacionamento sexual antes do casamento não correspondia à vontade de Deus e, a partir daquele momento, passou a carregar um grande peso de culpa, que o acompanhou por muitos anos. O casal, então, tomou uma decisão precipitada e casou-se às pressas, em 1990. No entanto, um casamento apressado para resolver uma gravidez inesperada não era a melhor maneira de consolidar um relacionamento, e os problemas conjugais começaram desde o início.

O estresse entre o casal aumentou ainda mais quando, logo após o nascimento do primeiro filho, ele faleceu inesperadamente aos seis meses de idade. Nenhuma explicação foi encontrada para sua morte.

Pouco depois, Luciana engravidou novamente, mas, tragicamente, o segundo bebê, também um menino, faleceu com apenas um mês a mais do que o primeiro. Desta vez, após um exame mais detalhado, os médicos descobriram que ambas as crianças haviam morrido devido a um raro problema genético chamado Deficiência Imunológica Severa, que impede o desenvolvimento dos linfócitos, as células responsáveis por combater vírus e outros microrganismos. Sem essas células de defesa, o bebê nasce completamente vulnerável, com um sistema imunológico equivalente ao de uma pessoa com AIDS em estágio avançado. A dor vivida por Luciana e Adailton foi intensa e devastadora.

A luta pela vida de Gabriel

Nesse período, Luciana naturalmente perdeu sua fé, e até mesmo a confiança contagiante de Adailton em Deus enfraqueceu. Ele passou a frequentar a igreja apenas esporadicamente. Sua consciência pesava terrivelmente, e ele começou a se questionar se a morte de seus dois filhos era uma consequência de sua desobediência a Deus, por ter concebido o primeiro antes do casamento.

No entanto, em meio a essa tempestade, em 1992, o casal teve outro bebê, Lucas. Para grande alegria da família, ele nasceu completamente saudável. Hoje, ao olharmos para ele, podemos dizer que Lucas é um verdadeiro milagre, pois descobriu-se que Luciana é portadora desse raro gene que causa a Deficiência Imunológica Severa em filhos do sexo masculino.

Lucas tornou-se o centro das atenções de seus pais. Durante os primeiros cinco anos de sua vida, a vida familiar girava ao redor dele. A família morava perto da praia em Salvador, e Lucas cresceu sendo muito protegido. Mas essa rotina não duraria muito. O nascimento de seu irmão, Gabriel, mudaria tudo.

Gabriel estava com apenas dois meses de idade quando os médicos diagnosticaram que ele também tinha Deficiência Imunológica Severa, a mesma doença que tirou a vida de seus dois irmãos mais velhos. A condição de Gabriel era extremamente delicada. A família teve de tomar decisões rápidas, e Luciana foi levada às pressas para São Paulo, onde ficou por alguns meses. Depois, foi transferida para Curitiba, onde fica a melhor Unidade de Transplante de Medula Óssea do Brasil, no Hospital das Clínicas.

Com o marido e Lucas vindo ao seu encontro e os custos de vida no Sul muito mais altos do que no Nordeste, a família só conseguiu se mudar para um pequeno apartamento de um dormitório. Lucas sofreu muito com todas essas mudanças abruptas e, com isso, o casamento de Adailton e Luciana entrou em uma nova fase de grande pressão.

Gabriel foi internado no décimo quinto andar do Hospital das Clínicas, o mesmo hospital onde Iara trabalhava. Porém, quando ele chegou, os médicos não estavam otimistas quanto à sua recuperação, pois ninguém da sua idade havia sobrevivido a essa doença no Brasil. Deram-lhe menos de 5% de chance de sobreviver, mesmo com o transplante de medula óssea.

Uma esperança improvável

Devido à Deficiência Imunológica Severa, Gabriel contraiu tuberculose óssea por meio da vacina BCG, aplicada rotineiramente em bebês. Além disso, já apresentava hemorragias severas, e sua condição parecia totalmente irreversível. Fisicamente, ele era apenas um punhado de ossos.

Para alívio de Adailton e Luciana, um dos médicos responsáveis pelo caso de Gabriel ficou profundamente comovido com sua difícil condição e se comprometeu a fazer tudo o que estivesse ao seu alcance para ajudá-lo. O primeiro passo seria encontrar um doador compatível. No entanto, infelizmente, nenhum dos parentes de Gabriel era compatível.

Diante disso, iniciou-se uma busca nos bancos de medula óssea ao redor do mundo. As chances de encontrar um doador compatível eram mínimas e, mesmo que fosse encontrado, havia apenas 50% de chance de que o transplante seria aceito. Além disso, o procedimento custava, na época, cerca de cem mil dólares, um valor completamente inacessível para a família.

Entretanto, contra todas as expectativas e de forma surpreendente, o plano de saúde aceitou cobrir os custos do tratamento, e um doador compatível foi encontrado em um banco de medula óssea na Alemanha. Embora não fosse 100% compatível, era a única esperança para o pequeno Gabriel.

Uma luta contra o tempo e a doença

Ele foi internado no dia 11 de março de 1998 e imediatamente submetido a sessões de quimioterapia para preparar seu corpo para receber a nova medula óssea. Sua condição, no entanto, era instável, e logo apresentou problemas respiratórios, necessitando de respiração artificial. Quando finalmente recebeu a medula, seu corpo não conseguiu reagir adequadamente e, cinco dias após o transplante, começou a rejeitar as novas células.

A tuberculose óssea também avançava rapidamente, espalhando-se por todo o corpo. Os médicos o operaram cinco vezes antes de informar a Luciana e Adailton que, provavelmente, precisariam amputar as pernas e os dedos do bebê, devido às complicações da doença.

Era difícil imaginar que a situação pudesse piorar ainda mais, mas ela piorou. Devido às inúmeras transfusões de sangue a que foi submetido, Gabriel contraiu a doença de Chagas, uma enfermidade tropical incurável que destrói gradativamente os músculos do coração. O casal ouviu repetidas vezes dos médicos as palavras dolorosas:

— Não sabemos se seu filho passará desta noite. E não foi apenas uma vez, mas por diversas noites ao longo de meses inteiros. No entanto, de alguma forma, Gabriel resistia às longas noites, e parecia que Deus tinha suas mãos sobre ele.

Um encontro que mudou tudo

Foi somente quando Gabriel estava à beira da morte que, por meio de um "encontro aparentemente casual" com Iara, sua jornada de fé e cura começou.

Iara estava no meio da correria de um dia normal de trabalho no hospital quando entrou no elevador e viu Luciana segurando Gabriel pela primeira vez. Seu coração foi tomado por uma profunda compaixão ao ver uma mãe exausta, tanto física quanto emocionalmente, segurando nos braços um bebê pálido, frágil e careca.

Iara se aproximou e perguntou se poderia orar por Gabriel. Embora a fé de Luciana estivesse muito fragilizada, ela sabia que Deus era a única esperança para a vida de seu filho e logo concordou. Os três saíram do elevador e permaneceram ali mesmo no corredor, ignorando as pessoas ao redor, enquanto Iara começava a clamar pela cura do menino.

Luciana conta que sentiram, naquele momento, a forte presença de Deus, como se algo divino tivesse acontecido. E, desde aquele dia, Gabriel começou a se recuperar.

A cura inexplicável e o reencontro com a igreja

O primeiro sinal de cura, médica e cientificamente inexplicável, foi a recuperação completa de sua audição. Os ossos do ouvido interno de Gabriel haviam sido destruídos pela tuberculose, e ele estava prestes a receber uma prótese auditiva.

No entanto, ao examiná-lo, o otorrinolaringologista ficou perplexo: os ouvidos do bebê estavam totalmente restaurados, sem necessidade de cirurgia.

Além disso, os médicos desistiram da amputação de seus dedos e pernas. Todos os sintomas da tuberculose desapareceram. O mesmo aconteceu com a doença de Chagas, que simplesmente desapareceu dos exames, a ponto de os médicos questionarem se a primeira constatação teria sido um erro.

Iara e eu não teríamos tomado conhecimento de todos esses acontecimentos se não fosse por outra intervenção divina, que ocorreu um mês depois da oração de Iara com Luciana e Gabriel. Embora Iara não tivesse mantido contato com Luciana após aquele primeiro encontro, ela relatou a experiência durante um culto na igreja e pediu a todos que orassem pelo pequeno Gabriel. Como ele era apenas seis dias mais novo do que o nosso próprio filho, David, ela sentiu uma conexão especial e uma grande compaixão. Assim, por várias semanas, oramos regularmente pelo pequeno Gabriel na igreja Encontro com Deus.

Mais tarde, soubemos das respostas às nossas orações quando, por um "aparente acaso", conheci Adailton e Gabriel enquanto comprava pão pela manhã na padaria próxima ao nosso apartamento. Adailton vestia uma camiseta diferente, com o nome Coca-Cola escrito em hebraico, e carregava o pequeno Gabriel nos braços. Começamos a conversar na fila da padaria e a camiseta foi o primeiro assunto da nossa conversa. Logo, o bate-papo se tornou mais descontraído, e descobri que ele era nosso vizinho, morando em um prédio bem próximo ao nosso.

Enquanto conversávamos, percebi que a criança que ele carregava tinha vários tubos conectados ao seu corpinho, e, naturalmente, perguntei sobre sua saúde. Adailton me disse que seu nome era Gabriel. Naquele momento, tive certeza de que era o mesmo menino pelo qual havíamos estado em oração.

Quando voltei ao apartamento, contei a Iara o que havia acontecido e ela também concordou que deveria ser ele. Com a família morando tão perto de nós, logo nos tornamos amigos e pudemos ver a extensão da resposta às nossas orações.

Foi por intermédio de Gabriel e do encontro inesperado na padaria que a família Belo Santos veio a conhecer a igreja Encontro com Deus. Adailton e Luciana não se preocuparam com o fato de a igreja estar localizada próxima ao orfanato, dentro da favela. Não era, de fato, um dos lugares mais seguros ou higiênicos, muito menos para uma criança que, pouco tempo antes, não possuía sistema imunológico algum.

Luciana e Adailton receberam inúmeros conselhos para não expor seu filho a tantos riscos, mas sua gratidão por tudo o que havia acontecido era tão grande que decidiram estar conosco, independentemente das circunstâncias.

Na época da primeira edição deste livro, Gabriel tinha apenas sete anos e já encantava todos ao seu redor. Hoje, aos 27, formado em Engenharia, o milagre da sua vida se tornou ainda mais notável. Ele sempre foi um jovem tranquilo, e as únicas evidências das lutas que enfrentou nos primeiros anos de vida são as pequenas cicatrizes das cirurgias que marcam seu corpo.

10

A bênção na vida de André

A fé nunca remove o sofrimento,
mas nos leva através dele.[7]
A. W. Tozer

Entre conflitos e a chegada do inesperado

A história da família Belo Santos não se encerra com Gabriel. Haverá mais um capítulo cheio de dor e esperança, impactando a todos nós em diversas esferas da vida.

Apesar de toda a alegria vivida com a cura de Gabriel, a vida conjugal de Luciana e Adailton estava profundamente abalada. Já não existia mais carinho entre eles, e foi apenas por causa de Gabriel e do longo período de hospitalização do filho que decidiram permanecer juntos. Seu casamento foi difícil desde o início, com Adailton

7 TOZER, Aiden Wilson. *The Root of the Righteous.* (Chicago/IL: Moody Publishers, 1955.)

sempre enfrentando dificuldades em demonstrar afeto por Luciana, deixando-a sentir-se solitária e esquecida. O sentimento de culpa, provocado pelas circunstâncias que culminaram no casamento, e o trauma da perda dos dois primeiros filhos levaram Adailton a acreditar que sua união estava condenada desde o início. Cada vez mais ele se convencia de que era uma causa perdida e culpava tanto o casamento quanto sua esposa por todo o sofrimento que haviam passado. Seu coração começou a endurecer contra ela.

A saúde de Gabriel, naquela fase, ainda era muito frágil. Adailton e Luciana não tinham condições de compartilhar seus medos sobre o filho, muito menos de oferecer apoio emocional um ao outro. Eles passavam o mínimo de tempo juntos, revezando-se nos cuidados com Gabriel no hospital: Luciana permanecia com ele durante o dia e Adailton à noite. Justamente quando mais precisavam um do outro, estavam cada vez mais distantes.

Nos primeiros meses de 1999, Adailton e Luciana começaram a frequentar a igreja Encontro com Deus e ambos passaram a se aproximar mais da fé que haviam conhecido na juventude. Adailton tornou-se um membro ativo e dedicado e conseguiu aceitar plenamente a doutrina cristã, embora ainda achasse difícil perdoar tanto sua esposa quanto a si mesmo pelo passado. Quando Gabriel finalmente se recuperou, Adailton me confessou que queria se separar de Luciana. As feridas e culpas entre eles só aumentavam, e começaram a discutir abertamente. A família vivia confinada em um pequeno apartamento, o que tornava a convivência ainda mais insuportável.

Foi então que, inesperadamente, Luciana engravidou novamente. Todos os pensamentos sobre divórcio foram colocados de lado, e mais uma vez a família entrou em estado de pânico, preocupando-se com estratégias de sobrevivência. Os médicos sabiam que Luciana era portadora do gene causador da Deficiência Imunológica Severa, transmitido apenas a crianças do sexo masculino. Assim, quando o feto atingiu o estágio em que era possível identificar o sexo, Luciana realizou os exames apropriados. Exaustos com tudo o que haviam passado, Adailton e Luciana oraram para que o bebê fosse uma menina. Mas o exame revelou que era um menino.

Diante dessa constatação, a equipe médica entrou com um processo legal solicitando autorização para interromper a gravidez. Os profissionais tomaram essa iniciativa porque o transplante de medula óssea, necessário logo que a criança nascesse, seria altamente delicado e oneroso. Além disso, julgaram que os pais não estavam preparados para enfrentar tudo novamente. Luciana, emocional e fisicamente esgotada, foi informada de que não teria forças para passar por todo o processo mais uma vez.

Luciana pediu apoio a Adailton, mas ele também estava esgotado e delegou a decisão a ela, uma vez que era ela quem carregava a criança em seu ventre. Era natural que Luciana se sentisse esmagadoramente sobrecarregada com esse grande fardo, mas sua chama de fé havia sido reacendida por meio da cura de Gabriel. Então, decidiu dedicar um tempo à oração sobre essa questão.

Em meio às suas orações, sentiu uma paz que somente o Senhor pode dar, quando foi levada ao seguinte versículo do livro de Isaías: *Não farão o seu trabalho em vão, nem irão gerar filhos para a calamidade, porque são a descendência dos benditos do Senhor, e os seus filhos estarão com eles* (Is 65.23).

No dia seguinte, Luciana foi ao hospital e disse aos médicos que não queria dar continuidade com o processo de aborto. Médicos, psicólogos e toda a equipe hospitalar ficaram preocupados, mas aceitaram sua decisão. Nós, como igreja, nos reunimos e demos todo o nosso apoio a Luciana. Iniciamos uma campanha de oração pelo bebê que estava para nascer, certos em nossos corações de que ele viria ao mundo 100% forte e saudável. Adailton recebeu um nome para o menino: André, que significa vencedor. Oramos e clamamos incessantemente pelo bebê.

O nascimento de André e o impacto da fé

André nasceu em abril de 1999, em uma sexta-feira à tarde. Nas primeiras 12 horas de vida, ele foi submetido a uma série de exames para averiguar se havia nascido com Deficiência Imunológica Severa. Os testes realizados a partir do sangue do cordão umbilical revelaram que André não apresentava célula linfocitária alguma. Enquanto uma criança saudável nasce com milhares dessas células, Gabriel nasceu com apenas 20 e André, com nenhuma. Diante desse quadro, os médicos informaram Luciana que era imprescindível que o bebê fosse removido do hospital imediatamente. Sem sistema imunológico, por paradoxal que pareça, o hospital era o pior lugar para ele estar, devido ao alto risco de infecções.

Luciana e Adailton ficaram em choque. Todos nós estávamos certos de que André nasceria saudável, e eles mal conseguiam compreender o que os médicos estavam pedindo que fizessem. Deixaram o hospital completamente desorientados, segurando firmemente o bebê nos braços, e seguiram para o único lugar que lhes veio à mente. Naquele sábado de manhã, estávamos reunidos para o nosso culto "Manhã com o Espírito Santo", e foi ali que a família veio parar.

Lembro-me perfeitamente do momento em que o carro de Adailton chegou. Fui ao encontro deles para entender a situação, e foi então que vi Luciana sentada no carro, ainda vestida de pijamas, chorando com o recém-nascido nos braços. Em seguida, André foi levado para dentro da igreja, e naquele mesmo dia e na mesma hora fizemos o que os jovens pais de Jesus fizeram dois mil anos atrás: nós o levamos ao altar e o dedicamos a Deus. Foi um momento de muito choro.

Também iniciamos uma campanha de oração na casa de Adailton e Luciana durante os primeiros sete dias de vida de André. Recrutamos todos que sabiam orar para se juntar a nós e clamar pela vida da criança. André só parecia conseguir dormir quando orávamos alto ao redor dele. Nossa esperança era que Deus o curasse sem que fosse necessário o transplante de medula óssea, mas André teve que ser encaminhado para um tratamento inovador, recém-descoberto para casos como o dele. Ele passaria por um transplante de medula óssea tão cedo que, até então, nunca havia sido realizado em uma idade tão jovem no Brasil — em uma fase da vida em que nem mesmo crianças saudáveis têm o sistema imunológico plenamente formado.

Na noite anterior à cirurgia, passei um longo tempo conversando com Adailton. Ele ainda não queria perdoar Luciana e não via futuro para o casamento. Já havíamos conversado diversas vezes sobre perdão, mas sempre chegávamos a um impasse. Adailton concordava em permanecer morando com ela por causa das crianças, mas se recusava a perdoá-la. Continuava convencido de que tudo era fruto de seu pecado diante de Deus, e acreditava que aquele fardo o acompanharia até a morte. No entanto, naquela noite, havia algo diferente na forma como ele abordava o assunto. Não sei descrever com precisão, mas houve uma ruptura interior, e algo no coração de Adailton mudou.

A luta pela vida e a esperança no milagre

André completou com muito sucesso o transplante de medula óssea. Ao contrário de Gabriel, não houve muitas dificuldades para encontrar um doador, pois André era compatível com Luciana, que teve a medula óssea extraída de seu próprio quadril para o procedimento. Intensificamos nossas orações, pois, mesmo com André respondendo bem ao tratamento, sabíamos que o processo de recuperação de um transplantado de medula óssea é longo, complicado e doloroso.

Durante os primeiros seis meses de sua vida, o pequeno André ficou cheio de marcas, com a pele constantemente exposta e sensível, muitas vezes com sangramentos visíveis. Lembro-me de um dia em que o segurei nos braços e ouvi meus medos interiores sussurrando: "Por que você ainda se preocupa em orar? Olhe para ele, ele vai morrer. Apenas olhe para ele".

À luz do que meus olhos viam, teria sido mais fácil me render ao desespero. Mas André se recuperou aos poucos, de forma singela e surpreendente. Após um período crítico, sua recuperação começou a acelerar, e antes de completar dois anos de vida, levava uma vida quase igual à de qualquer outra criança saudável. Ao longo de seus 25 anos, enfrentou algumas batalhas de saúde, pois seu sistema imunológico nunca se desenvolveu completamente. Ele precisa tomar imunoglobulina mensalmente, um tratamento bastante custoso, mas nunca permitiu que isso o limitasse.

André é uma pessoa especial, dono de um senso de humor precioso e de uma sinceridade admirável em seu cuidado com os outros. Hoje, como professor de educação física, demonstra habilidades impressionantes em ginástica, algo que surpreende até mesmo os médicos. Mesmo com os desafios de saúde que ainda enfrenta, seu corpo tem resistido a todo tipo de enfermidade, a ponto de a equipe médica mencionar um "sistema imunológico alternativo" atuando nele.

Sabemos apenas que ele está seguro nas mãos de Deus!

O renascimento de André: um testemunho de superação

O testemunho da família Belo Santos é incrível. É inegável que Adailton e Luciana passaram por enormes dores e sofrimentos nos primeiros dez anos de casamento, mas foi por meio dessas provações que Deus não apenas restaurou a saúde dos seus filhos, mas também a saúde do próprio casamento.

Foi um processo longo e intenso, com muitos momentos de desespero e tristeza, mas eles venceram. Lembro-me das palavras de Jó, após seus muitos anos de sofrimento: *Eu te conhecia só de ouvir, mas agora os meus olhos te veem* (Jó 42.5).

11

Bem-vindos ao trabalho social!

A igreja só é verdadeiramente igreja quando existe para os outros.[8]
Dietrich Bonhoeffer

Os primeiros passos para uma nova missão

Refletindo agora, vejo que fui desafiado além de todos os limites humanamente suportáveis com a única intenção de que eu começasse algo novo, trazendo uma nova direção para minha vida. Desde que cheguei ao Brasil, passei por muitas situações intensas e inusitadas. Frequentemente, parecia que tudo estava fora de controle. Foi uma caminhada complexa! Mas, olhando para trás, vejo propósito em tudo o que vivi, pois cada experiência trouxe solidez à obra que nascia, além de confiança e resiliência.

8 BONHOEFFER, Dietrich. *Ética.* (São Leopoldo/RS: Sinodal; São Paulo/SP: Fonte Editorial, 2005.)

Com a "Casa Lar" já estabelecida, era necessário registrá-la oficialmente como uma associação sem fins lucrativos. Isso ajudou a delimitar com mais clareza a natureza do trabalho, separando a missão e a visão da igreja e permitindo o estabelecimento de uma base documental que garantisse reconhecimento oficial, abrindo caminho a isenções tributárias e até mesmo a financiamentos públicos. Como resultado, em maio de 2000 foi fundada a "Associação Beneficente Encontro com Deus", cujo objetivo primário era acolher mães em situação de vulnerabilidade e risco junto com seus filhos.

Um modelo inovador de acolhimento

Na época, Curitiba ainda não contava com uma entidade semelhante. Era uma prática comum separar as crianças de suas mães ao identificá-las em situação de risco — mesmo quando a ameaça à criança não provinha da mãe. Assim, sempre que uma mãe e um filho estavam em vulnerabilidade, a criança era encaminhada a um orfanato (mais tarde chamado de abrigo institucional ou serviço de família acolhedora). Essa política resultava em um número crescente de crianças tornadas "filhas do Estado", além de provocar o sofrimento evitável da separação. Desde o início, estabelecemos como princípio manter mãe e filho juntos sempre que possível.

Mais tarde, ampliamos e aprofundamos a definição dos nossos objetivos, definindo que o propósito final da Casa Lar seria ajudar essas mães a conquistar independência, reintegrando-as à sociedade com moradia própria e um trabalho digno. A partir dessa reflexão, surgiram dois princípios norteadores do nosso trabalho:

1. "Escutando a voz daquelas que não tiveram direito à voz" — um compromisso de reconhecer e respeitar as inúmeras mães que raramente foram ouvidas, muito menos valorizadas.
2. "Cada criança merece ficar com a sua própria mãe" — um princípio que diferenciava a Casa Lar de outras instituições.

> Impedir a separação entre mãe e filho é uma das formas mais eficazes de evitar que crianças acabem nas ruas.

Um exemplo típico ilustra bem a importância desse princípio: imagine uma situação em que as autoridades descobrem que um padrasto está abusando sexualmente da enteada. Com a demora para afastar o agressor e julgar o caso, a criança precisa ser protegida. No entanto, a mãe, sem ter para onde ir, vê seu filho sendo colocado em um abrigo. A criança, já abalada pelo trauma do abuso, sofre ainda mais com a separação da mãe. Esta, por sua vez, por não conseguir protegê-la, é frequentemente vista como negligente ou corresponsável pela violência sofrida. As repercussões emocionais dessa dinâmica são profundas e devastadoras. Sou imensamente grato pela oportunidade de, através do nosso serviço, reduzir a probabilidade de que situações assim continuem acontecendo.

Desafios na convivência e a construção de um novo lar

No início, as mães que se mudaram para a "Casa Lar" com seus filhos enfrentaram condições bastante precárias. Nilson e Nilcelene já moravam na casa com seus três filhos, restando apenas um quarto para todas as mães e seus bebês. Elas ficavam espremidas em um espaço de apenas 12m². Ficava claro que aquela situação era insustentável. Nosso primeiro passo foi expandir a Casa Lar, construindo uma pequena casa de dois dormitórios nos fundos do quintal, destinada exclusivamente para Nilson e Nilcelene. Isso proporcionou ao casal um espaço mais privado e liberou algum alívio para as mães e seus filhos.

Sem qualquer preparação técnica, aprendemos com a prática a lidar com as jovens mães. Percebemos que era preciso ser compassivos, mas também firmes; compreensivos, mas, em alguns momentos, rigorosos. Frequentemente, as jovens discutiam por questões banais e competiam entre si pela atenção de Nilson e Nilcelene. Seus passados difíceis, suas expectativas em relação à nossa equipe e a enorme carga de traumas emocionais não resolvidos mantinham nossas vidas em constante tensão.

Quando o primeiro ano na liderança da "Casa Lar" terminou, ficou evidente que as exigências do trabalho estavam tendo efeitos profundos sobre todos os envolvidos diretamente no cuidado. Como Nilson e Nilcelene moravam no mesmo local que as mães acolhidas, sentiram ainda mais profundamente o impacto da pressão. O casamento deles atravessou um período de forte instabilidade. Muitas vezes, quando eu os visitava, encontrava os dois em tamanha exaustão emocional que queriam abandonar completamente a missão. Mas, com apoio constante, conseguiram alcançar maior estabilidade, o que se tornou um grande testemunho de sua tenacidade e compromisso com a Casa Lar.

Com o tempo, os conflitos diminuíram e se tornaram menos frequentes. Após o doloroso processo de saída do orfanato, era essencial permanecermos unidos para sustentar a responsabilidade pelas vidas e tarefas que nos foram confiadas. Durante muito tempo, trabalhamos como uma grande família, carregando os fardos uns dos outros. Aos poucos, parecia que tudo estava se encaixando — ou, ao menos, era o que acreditávamos.

O desafio da continuidade: o futuro da Casa Lar em risco

No entanto, no final de 2000, nosso trabalho, ainda frágil, foi atingido por um novo golpe, semelhante a tantas outras experiências difíceis que já havíamos enfrentado. Em um momento de grande tensão emocional, duas mães saíram da Casa Lar de forma abrupta, afirmando que nunca mais voltariam. As dificuldades em lidar com os traumas do passado, somadas às pressões da convivência em um espaço tão pequeno, levaram a intensos conflitos, fazendo com que tomassem a decisão de sair, mesmo que isso colocasse em risco suas vidas e as dos filhos.

A decisão dessas jovens mães foi um choque inesperado, abalando nossa confiança e gerando a sensação de que todos os avanços estavam sendo desfeitos, lançando incertezas sobre o futuro da Casa Lar. Seríamos mesmo capazes de continuar esse trabalho? Por outro lado, as autoridades entenderam a saída dessas famílias como uma chance de encaminhar outras mães jovens com seus filhos para nossa instituição.

Estávamos diante de uma nova montanha a ser escalada, e uma nova realidade começou a se estabelecer. Algumas mães ficaram apenas alguns dias, outras permaneceram por vários meses, mas todas traziam histórias igualmente dolorosas, marcadas por abuso, negligência e rejeição. Aos poucos, começamos a compreender melhor a extensão do sofrimento que tantas mulheres e crianças enfrentam. Ao mesmo tempo, sentimos o apoio de Deus em cada pequeno passo dado e em cada desafio enfrentado.

A luta silenciosa de uma jovem mãe

A história de uma mãe que chegou à Casa Lar em março de 2001 é um exemplo marcante das dificuldades extremas enfrentadas por muitas mulheres em situação de vulnerabilidade. Com 15 anos, ela chegou acompanhada de dois bebês — um de 11 meses e outro de apenas 12 dias. Ambos eram filhos do seu padrasto, que a havia submetido a anos de abuso e controle. Desde os sete anos, ela foi vítima de violência sistemática dentro de casa. Infelizmente, sua mãe tinha conhecimento da situação, mas nada fez para protegê-la. Aos 11 anos, engravidou pela primeira vez e foi forçada a interromper a gestação.

Aos 13 anos, engravidou novamente e, desta vez, conseguiu dar à luz uma menina saudável, apesar das agressões constantes sofridas durante a gravidez.

A realidade dessa jovem era amplamente conhecida na comunidade, e vizinhos preocupados denunciaram a situação às autoridades. No entanto, temendo represálias, quando foi interrogada pela polícia ela mentiu, alegando que a gravidez era fruto de um relacionamento com um namorado. Como nunca teve permissão para sair de casa, nem para frequentar a escola, seu relato não condizia com os fatos, mas, ainda assim, a investigação inicial não avançou. Apenas três meses após o nascimento do primeiro filho, engravidou novamente, o que reacendeu a preocupação dos vizinhos e levou a uma nova denúncia. Desta vez, a polícia tratou o caso com mais seriedade e finalmente prendeu o agressor.

O desafio da reconstrução

Ao chegar à Casa Lar, a jovem apresentava sinais claros de insegurança profunda e autoestima devastada. Anos de abuso verbal e físico aniquilaram sua autoconfiança. Além da falta de escolaridade, sofria de miopia severa e, pouco antes de ser resgatada, seu padrasto havia destruído seus óculos, deixando-a ainda mais vulnerável. Diante de tudo isso, o que encontramos à nossa porta foi uma adolescente devastada pela dor, lutando para cuidar de dois bebês e reconstruir o que restava de sua história.

A história dela exemplifica a seriedade das situações que enfrentamos e as necessidades que somos desafiados a compreender para oferecer um apoio mais eficaz. As histórias que chegam à nossa Casa Lar são múltiplas e frequentemente marcadas por dor extrema. Algumas mães são ex-usuárias de drogas, outras vivem com HIV ou outras doenças sexualmente transmissíveis.

Muitas carregam traumas profundos por terem testemunhado assassinatos ou por terem sido vítimas de abusos físicos e sexuais, seja recentemente, seja na infância.

É raro que uma mãe acolhida tenha conhecido e convivido com ambos os pais. Algumas sofreram incesto, outras passaram por crueldades inimagináveis. Nada pode realmente preparar alguém para lidar com tanta dor e violência.

Essas experiências nos ensinaram que o processo de recuperação é profundamente complexo e marcado por avanços e recaídas. Algumas mães demonstram mudanças já nos primeiros dias, depois de receberem as primeiras demonstrações de atenção e segurança. Outras, no entanto, levam muito mais tempo para apresentar os primeiros sinais de transformação e estabilidade emocional. Digo, porém, que tudo é imprevisível e a consolidação dessas caminhadas exige muito amor, paciência e fé.

Somente ao nos moldarmos ao caráter de Cristo é que essa missão, por mais impossível que pareça, se torna realidade.

O primeiro registro em frente à Primeira Casa Lar em 2001/02.

Parte II

O AMOR EM MOVIMENTO

12

As primícias

Não podemos fazer tudo, e há um certo senso de libertação nisso. Isso nos dá espaço para fazermos o que fazemos bem, e fazê-lo com amor.[9]
Oscar Romero

Entre as primeiras famílias na Casa Lar estava uma jovem indígena com sua filha. Ela nos trouxe grande alegria e encorajamento sincero ao ser a primeira mãe a deixar a Casa Lar para conquistar seu próprio emprego e morar em sua própria casa.

Percebemos com clareza que a reinserção de uma família com autonomia na sociedade é, ao mesmo tempo, a etapa mais essencial e mais exigente do nosso trabalho. Quando começamos a atender as famílias, nos concentramos em oferecer o melhor cuidado possível, estruturar bem o ambiente e garantir condições adequadas dentro da casa. Quase não consideramos

9 UNTENER, Dom Ken. A oração de Dom Oscar Romero. In: CENTRO DE ESTUDOS DE TEOLOGIA E CIÊNCIA DA RELIGIÃO (PUC-SP). Texto adaptado e atribuído em homenagem a Dom Oscar Romero.

o processo de saída. Mas, com essa primeira experiência, aprendemos que esse era um dos aspectos mais delicados e desafiadores de toda a missão.

Uma jornada de superação: das ruas à Casa Lar

A história dela mostra como, gradativamente, as peças de uma vida fragmentada podem se unir, permitindo que uma mulher cheia de inseguranças, mas forte e determinada em Deus, se revele.

Ela nasceu na etnia Kaiowá, em uma reserva remota no Mato Grosso do Sul, próximo à fronteira com o Paraguai. Infelizmente, sua infância foi marcada pela vulnerabilidade, frequentemente marcadas por depressão, alcoolismo e suicídios.

Sua mãe sofria com o alcoolismo e, ainda na infância da filha, permitiu que ela fosse entregue a terceiros. Foi então levada para trabalhar na casa de uma família não indígena, em uma cidade pequena, onde sofreu abusos e maus-tratos. Cresceu sem amor e sem proteção, vivendo praticamente como uma escrava, trabalhando como empregada doméstica apenas por abrigo e comida desde os 11 anos de idade.

Vitória: um nome, um destino

Quando engravidou pela primeira vez, teve apenas duas opções: sair da casa onde vivia ou entregar o bebê para adoção. Diante dessa ameaça, retiraram seu primeiro filho para preservar a reputação da patroa. O mesmo aconteceu pouco tempo depois, quando engravidou novamente. Dessa vez, já sabendo o destino que a aguardava, entregou voluntariamente o bebê ainda na maternidade. Mas não suportou mais viver nessas condições e, vagando sem rumo pelas ruas da cidade, encontrou um grupo de irmãos da igreja Assembleia de Deus na praça central. Sentiu-se acolhida pelos cânticos e pela forma como a tratavam, ainda que não compreendesse bem o que falavam. Como nunca havia frequentado uma igreja, teve vergonha de perguntar qualquer coisa, mas aceitou o convite para assistir a um culto e "conhecer Jesus". Sentou-se no último banco, tentando entender quem era o tão mencionado Jesus. Sem saber que o encontraria na Palavra, decepcionou-se por não vê-lo entre os homens de terno à frente.

Com o tempo, de maneira gradativa, sem julgar seu passado ou a forma como havia sobrevivido nas ruas, o pastor e sua família ofereceram para que ela morasse com eles. Agora trabalhando em um ambiente de respeito, ela começou a se desenvolver, ganhar confiança e frequentar a igreja. Não demorou muito para que a família recebesse um convite para se mudar para Curitiba, e assim, ofereceram a ela a oportunidade de ir junto, a quase mil quilômetros de distância. Em Curitiba, começou a frequentar a igreja regularmente e encontrou um ambiente e uma vida mais estáveis.

Infelizmente, os assuntos relacionados à sexualidade são pouco abordados nas igrejas, e isso é ainda mais raro em denominações pentecostais. Apesar de a Bíblia ter muito a ensinar sobre o tema, são raros os líderes que enfrentam o assunto, deixando a questão para que "Deus trabalhe no coração de cada jovem". Como resultado, não há um espaço para discutir o tema de forma saudável e protetora. No caso dela, as feridas emocionais, as vulnerabilidades e as carências ainda eram profundas. Logo, ela conheceu um rapaz na igreja, envolveu-se em um novo relacionamento e, mais uma vez, engravidou.

Envergonhada e temendo a reação do pastor, sem saber para onde recorrer, fugiu e tentou sobreviver nas ruas de Curitiba. O medo de reencontrar as pessoas da igreja era imenso, mas nessa situação de risco, recebeu ajuda do serviço de assistência social da cidade, que a encaminhou primeiro para um orfanato e, depois, para a Casa Lar. Foi uma das três primeiras mães acolhidas em nossa Casa Lar.

Quando a conheci no orfanato, enquanto ainda estava grávida, ela me contou que havia escolhido o nome Susan para sua filha, inspirado em uma atriz americana que admirava. Mas, pouco antes do nascimento, teve um sonho em que Deus lhe disse para chamar a menina de Vitória, afirmando que essa criança seria uma vitória em sua vida. Por muito tempo, a gravidez lhe parecia apenas um lembrete de suas quedas, e ela desenvolveu um ressentimento profundo pela filha. No entanto, esse sonho a fortaleceu e a ajudou a abraçar sua nova missão como mãe.

Vitória cresceu saudável e, aos poucos, sua mãe aprendeu a exercer a maternidade com amor e dedicação. Durante dois anos, trabalhamos juntos para que ela se tornasse independente. Quando conseguimos um pequeno lar para que ela e sua filha pudessem viver sozinhas, percebemos que um novo ciclo estava se iniciando. Ver mãe e filha caminhando para uma vida digna e estruturada foi uma das nossas maiores realizações até então, e nos ensinou muito sobre o papel que Deus estava nos confiando. Seu progresso nos edificou e, ao olhar para trás, só posso agradecer por sua paciência e pela chance de termos aprendido tanto com ela. Não havia manual para isso, e cada dia, cada processo, foram uma descoberta.

Uma nova chance para uma família em fuga

Continuando a relatar casos exemplares, acolhemos recentemente uma jovem com seis meses de gestação, acompanhada de dois filhos pequenos, de nove meses e dois anos. Inicialmente, ela demonstrava extrema timidez, evitando contato visual e comunicação. Descobrimos que, após testemunhar o trágico assassinato de sua irmã por um traficante, fugiu apressadamente com os filhos, abandonando todos os pertences. Sem ter para onde ir, foi encaminhada a nós pelos serviços sociais.

Ao chegar, o filho mais novo apresentava uma infecção na cabeça, resultado de um ferimento por estilhaço de bala. Providenciamos imediatamente os cuidados médicos necessários, incluindo antibióticos e limpeza diária, o que resultou em sua recuperação completa. Com o tempo, a jovem mãe começou a se sentir mais segura e gradualmente se abriu para a interação.

Em outubro, ela deu à luz seu terceiro filho e conseguiu avançar nos estudos, estando a um ano de finalizar o ensino fundamental. Engajou-se em nosso projeto de confeitaria, preparando bolos de gengibre para arrecadar fundos para a construção de nossas novas instalações. Durante uma dessas atividades, refletiu sobre alternativas honestas de sustento, afirmando:

— Existem muitas formas de ganhar dinheiro honestamente.

Após aproximadamente seis meses conosco, expressou sua gratidão de maneira tocante, o que nos emocionou profundamente. Descobrimos também que ela mantinha outros filhos de uma relação anterior, com os quais conseguiu retomar contato e convivência. Com o tempo, ela e o pai de seus filhos reconciliaram-se e pediram para oficializar sua união em nossa igreja. Atualmente, residem próximos à comunidade, onde ele trabalha em uma fábrica de garrafas e ela, como auxiliar de limpeza em uma creche local. Ambos decidiram ser batizados no início de 2003 e participam ativamente das atividades da igreja, enquanto ele serve na equipe de recepção durante os cultos dominicais.

As dores e desafios de um trabalho social

Essas histórias ilustram o impacto que uma "Casa Lar" para mães e filhos pode proporcionar e a inclusão social promovida por meio da ação da igreja na vida das pessoas. Embora seja tentador focar apenas nos casos de sucesso, quem atua nessa área sabe que a realidade nem sempre é assim. São exigidas grande resiliência e convicção de estar seguindo na direção certa, pois os aparentes retrocessos também ocorrem com frequência.

Nos primeiros anos, enquanto a Casa Lar ainda funcionava em uma casa alugada, enfrentamos desafios significativos. Recebemos uma mãe com quatro filhos que tentou envenená-los enquanto acolhidos, levando as autoridades a separá-la das crianças. Outra mãe, com dois filhos, solicitou ao juiz que acolhesse seus filhos, incluindo o mais velho de dois anos e meio, por não se sentir capaz de cuidar deles. Uma terceira mãe fugiu pela janela, deixando para trás seu filho recém-nascido. Outra, portadora do HIV, teve que ser separada de seus gêmeos devido a comportamentos agressivos. Soubemos que ela se envolveu com o tráfico de drogas e perdeu a guarda dos filhos. Dói saber que, três meses antes, essas famílias estavam seguras na Casa Lar, com a mãe estudando e progredindo.

Histórias como essas, embora resumidas, fazem parte do processo e, em alguns casos, são necessárias para o bem-estar das crianças. Contudo, para nós, que convivemos e sonhamos juntos, esses rompimentos são difíceis de lidar. Quando a visão do potencial do outro não se concretiza, somos emocionalmente esgotados e, às vezes, nos faz questionar a razão de nossa continuidade. Mas, de forma aparentemente paradoxal, é exatamente por causa desses casos de insucesso que podemos comprovar nossa razão de existir.

Pode-se pensar que somos radicalmente contra a adoção e a entrega legal — termo técnico do Estatuto da Criança e do Adolescente (ECA) para o direito de uma genitora optar por entregar seu filho de forma apoiada e consciente para adoção —, mas isso está longe da verdade. Podemos afirmar que somos "radicalmente" a favor da maternidade, mas jamais a todo custo, sempre priorizando o maior interesse da criança. A eventual separação de mãe e filho é uma consequência natural do fato de estarmos trabalhando com mães e filhos com vínculos frágeis e circunstâncias desafiadoras. Nosso compromisso é garantir que a separação não ocorra como primeira e única alternativa. Toda criança merece o direito de estar com sua própria mãe, e toda mãe tem o direito de ser apoiada no exercício da maternidade. Pedimos forças para prosseguir com essa visão e não desistir tão cedo.

13

A segunda glória

A obra de Deus feita do jeito de Deus
nunca ficará sem os recursos de Deus.[10]
Hudson Taylor

Chegamos ao último capítulo da versão do livro publicada em 2005. É profundamente significativo revisitar esses relatos de mais de 20 anos atrás! Na época, escrevi este capítulo com o objetivo de demonstrar como tudo havia se consolidado e, ao mesmo tempo, ilustrar o conceito da "segunda glória", referindo-me ao segundo templo de Jerusalém — reconstruído após quase seis séculos de ruína e que atingiu seu esplendor sob o reinado de Herodes, o Grande.

Naquele momento, eu cria que os acontecimentos entre 2000 e 2005 representavam a conclusão de um ciclo. Hoje, percebo que aqueles eventos foram apenas a base para tudo o que veio depois, e que será abordado na segunda parte deste livro.

10 TAYLOR, Howard. *Hudson Taylor's Spiritual Secret*. (Chicago/IL: Moody Publishers, 2009.)

Dito isso, convido o leitor a se alegrar comigo ao revisitar os anos em que a virada começou — quando tudo o que vemos hoje começou, de fato, a tomar forma.

Sonhos, desafios e provisão divina

Embora estivéssemos realizando nosso trabalho em paz em uma igreja alugada, ainda sentíamos falta da igreja de onde havíamos sido expulsos. O trabalho com as meninas continuava em uma pequena casa alugada, mas não tinha o mesmo alcance que o orfanato proporcionava. No entanto, acreditávamos na promessa da "segunda glória" (Ag 2.9).

Finalmente, tínhamos algo para mostrar e a saudade de amigos e familiares começou a crescer. Como não havia expectativa de voltarmos à Inglaterra tão cedo, passamos a receber visitas de amigos vindos da Europa. Sempre entendemos que deveríamos acolher todos que quisessem nos visitar. Em Ageu 2.7, lemos que o Senhor enviará *as coisas preciosas de todas as nações*, e assim, recebíamos cada visitante que ele enviava.

Recebíamos, em média, de três a quatro grupos de visitantes por ano, e cada visita se tornava um tempo especial e único. Essas visitas incentivavam doações para a Casa Lar, já que muitos dos visitantes sentiam-se tocados pelo trabalho e decidiam apoiar a continuidade do projeto, desejando impactar as vidas acolhidas. Isso acontecia especialmente por ser um trabalho reconhecido, cada vez mais, como uma forma preventiva e restauradora de acolhimento — em contraste com os orfanatos tradicionais da época. Nesses anos, a libra esterlina era bem mais forte que o real, e assim, quando as pessoas doavam quantias, isso se multiplicava, permitindo que começássemos a sonhar em sair do aluguel e investir em um terreno para construir algo próprio.

Assim como eu mesmo havia recebido tanto do Brasil, vimos estrangeiros doando com generosidade — não com um ar de superioridade, mas como expressão sincera de gratidão pelas experiências transformadoras que aqui viveram.

Da promessa à realização: a jornada da fé

Após a aquisição do terreno, desejávamos iniciar a construção o quanto antes. No entanto, havíamos investido todos os recursos na aquisição do terreno. Mesmo assim, com fé e coragem, elaboramos planos ambiciosos para uma igreja com capacidade para 200 pessoas e uma "Casa Lar" para aproximadamente 25 indivíduos.

Em março de 2002, com o projeto arquitetônico concluído e o terreno limpo, realizamos uma cerimônia para marcar o início da construção. Desenhamos com cal, no solo, a área destinada à futura edificação. Posicionamos um pequeno alto-falante no centro do terreno, exatamente onde seria o futuro púlpito, e as crianças cantaram "O homem sábio constrói sua casa sobre a rocha". Foi uma celebração alegre em nossa igreja provisória ao ar livre.

A grande questão era: "Quanto tempo levará a construção?" Somente Deus sabia a resposta, já que nossa conta tinha, no máximo, dois mil reais!

O projeto de construção foi, sem dúvida, nosso maior desafio até então. Tínhamos como meta inaugurar a igreja até o final de março de 2003, data que marcaria o quinto aniversário de nosso ministério. Cerca de quinze dias antes do Natal, os pedreiros nos informaram que dificilmente a construção estaria pronta para uso antes da metade do ano seguinte. Foi necessário triplicar o ritmo das obras.

Durante o período natalino, as pessoas costumam se envolver em festividades e aproveitar o verão para tirar férias e viajar, o que dificultava reunir a comunidade para os mutirões. Mesmo assim, o desejo não cessou e a cada visita ao canteiro de obras eu me sentia mais frustrado: tanto a ser feito em tão pouco tempo e com recursos limitados!

No Natal, viajamos para o interior para visitar meus sogros e, ao retornarmos, recebi a triste notícia de que minha avó havia falecido um dia após o Natal, na Inglaterra. Minha mãe estava extremamente abalada. Na Inglaterra, é comum esperar uma semana ou mais para realizar o funeral e o enterro, dando tempo necessário para organizar a cerimônia. Eu queria muito viajar para apoiar minha mãe, mas estávamos distantes demais para ajudar. Meu pai ligou e se ofereceu para custear a viagem, após eu saber que minha avó havia deixado registrado o desejo de que eu participasse da condução do funeral. Assim, 48 horas depois de receber a notícia, eu estava embarcando rumo à Inglaterra.

Tudo parecia confuso. Preparar-me às pressas e deixar o projeto de construção em um momento tão crítico foi um desafio angustiante. A viagem à Inglaterra foi marcada pela consternação, mas, em cada momento de tristeza, encontrávamos conforto nas lembranças e histórias compartilhadas sobre minha avó. Foi um privilégio poder celebrar sua vida e legado. Durante o funeral, a realidade dessas memórias foi mais palpável do que nunca.

Iara sugeriu que eu permanecesse na Inglaterra por mais uma semana após o enterro, considerando a longa distância para uma estadia breve. Aproveitei ao máximo esse período, inclusive visitando amigos em Londres antes de retornar ao Brasil. Para minha surpresa, durante esses dias, todos os amigos que encontrei estavam muito interessados em saber as novidades da construção e, espontaneamente, fizeram generosas doações para o nosso projeto. Sem ter sequer planejado a viagem, retornei ao Brasil com os recursos completos para concluir a construção da igreja.

De volta ao Brasil, a corrida contra o tempo foi intensa. Durante dois meses, tudo o que vi foram concreto e tijolos, mas nada podia nos deter, porque o tempo era nosso maior desafio. No início de março, o dinheiro que havíamos recebido já tinha acabado novamente, mas estávamos muito próximos de poder utilizar o espaço da igreja. Senti uma forte convicção para continuar. Negociei prazos estendidos para o pagamento do restante dos materiais. Assim, no final de março, estávamos prontos para uma grande celebração.

O primeiro culto na nova igreja: entre a lama e a fé

Um grande amigo meu, que já havia construído várias igrejas ao longo da vida, me disse que nunca deixava os membros da congregação se aproximarem de qualquer área da igreja antes que ela estivesse totalmente pronta. Normalmente, na semana que antecedia à cerimônia de inauguração, plantavam as últimas flores na entrada da igreja para então inaugurá-la com serenidade. Na nossa, porém, a história foi bem diferente.

Marcamos um culto preliminar, de teste, para o dia 23 de março, e depois o culto oficial de inauguração com grande festa para os dias 29 e 30 de março, com aproximadamente 150 pessoas convidadas

O culto realizado no dia 23 foi uma simples celebração da Santa Ceia. Para que se compreenda o cenário: o estacionamento ainda era uma grande poça de lama, pois até aquele momento não havíamos concluído a canalização de esgoto e água; a igreja não possuía janelas; o piso interno não tinha revestimento; não havia porta frontal; e as paredes estavam sem acabamento.

Na manhã de sábado, enquanto estávamos na pequena igreja alugada, o pedreiro veio correndo pedir ajuda: sua companheira, acidentalmente, havia atingido o cano de água da rua com uma machadada, interrompendo o abastecimento de toda a vizinhança e inundando o canteiro de obras.

Naquela noite, sob a luz de uma pequena lâmpada que iluminava a lama e um buraco, trabalhamos arduamente para conectar o cano de esgoto da construção ao sistema de esgoto da rua. Ao alcançar o encanamento principal, percebemos que a curva não se ajustava corretamente, impossibilitando a conexão. Dado que os banheiros seriam utilizados já no dia seguinte, improvisamos uma junção de concreto no ponto de encontro dos canos.

No escuro, deitado no fundo de uma vala de quase três metros de profundidade, posicionei-me para garantir que o concreto selasse completamente a união dos canos. A abertura do solo era estreita; precisei me esticar ao longo do cano de esgoto, manuseando o concreto às cegas. Considerando que o buraco havia sido inundado pela manhã, havia mais lama do que se poderia imaginar.

Algumas horas depois, a menos de um dia do culto, cheguei em casa em um estado tão deplorável que meus filhos mal me reconheceram e minha esposa insistiu que eu me lavasse na rua antes de entrar.

No entanto, tudo deu certo. No dia seguinte, celebramos o culto da Santa Ceia, e, até hoje, os banheiros nunca apresentaram problemas.

A grande celebração e o sonho concretizado

No fim de semana seguinte, vivenciamos uma alegria indescritível. Estávamos em nossa nova igreja! Apenas três anos após a dolorosa expulsão da antiga congregação, agora nos estabelecíamos em um espaço "quase pronto" e, no mínimo, três vezes maior. Dou graças a Deus por isso! O sonho tornou-se realidade!

Iara e eu já tínhamos planejado uma viagem à Inglaterra com nossos filhos em abril, por um mês. Estávamos exaustos e precisávamos desse tempo de descanso. No entanto, surgiu um problema: desde o início de março, já havíamos começado a gastar o que não tínhamos e, para piorar, nosso agente de viagens nos deu um golpe e desapareceu com o dinheiro das nossas passagens!

Só Deus na causa! Era rir para não chorar. Será que deveríamos ir mesmo nessas circunstâncias?

Iara já havia solicitado férias da faculdade, e os avós estavam ansiosos para ver os netinhos. Além disso, um amigo havia chegado dos Estados Unidos com alguns milhares de dólares e, gentilmente, quis nos emprestar. (Como é bom ter amigos assim!) Então, apesar de eu ter viajado poucos meses antes, decidimos ir! Chegamos à Inglaterra com mais dívidas do que eu gostaria de lembrar, mas com muitas boas histórias para contar!

Para aquele mês, havíamos agendado várias visitas e encontros, mas não tínhamos recursos para chegar aos locais. Minha irmã nos emprestou seu carro, e uma querida amiga nos deu dinheiro para a gasolina. Assim, colocamos as crianças no carro e saímos viajando pela Inglaterra. Visitamos amigos antigos, colegas de longa data e, especialmente, aqueles que haviam sido tão generosos conosco após o Natal — queríamos agradecer pessoalmente. Mesmo com aquela dívida enorme pesando em nossa mente, continuávamos sorrindo, contando os maravilhosos testemunhos da inauguração da nova igreja, como se tudo estivesse em perfeita ordem.

A resposta à oração e o milagre financeiro

Faltando apenas cinco dias para retornar ao Brasil, fomos para a casa de meus pais para passar alguns dias tranquilos antes da volta. Liguei para Adailton, meu amigo e tesoureiro da igreja, para organizar nossa volta, mas não me contive e, meio apavorado, disse:

— Peça à igreja que ore! Estamos sem dinheiro nenhum!

Depois da última experiência, era fácil imaginar que iríamos voltar com as bolsas cheias, mas não tínhamos mais nada! Faltavam apenas alguns dias para retornarmos e já tínhamos visitado todas as pessoas possíveis. Eu havia prometido a várias pessoas que pagaria as dívidas assim que voltássemos ao Brasil.

— Por favor, orem!

Naquela noite, a igreja se reuniu para a habitual reunião de oração. Na manhã seguinte, eu ainda estava sentado à mesa do café quando um amigo me telefonou. Ele foi o primeiro que tive o privilégio de batizar, ainda no início do nosso casamento, quando eu conduzia o curso para novos convertidos. Já o tínhamos visto em Londres havia duas semanas e, inclusive, agradecido por sua generosa contribuição no Ano Novo. Sinceramente, pensei que ligava apenas para nos desejar boa viagem de volta ao Brasil. Mas não. Deus tinha tocado seu coração para ofertar uma grande quantia. Ele me disse que não era para eu me acostumar com isso, mas, desta vez, estava convicto de que tinha que nos fazer mais uma doação.

Quando ele me disse o valor, fiquei pasmo, pois era aproximadamente 20% a mais de toda a nossa dívida! Naquele instante, deixei de ser inglês: gritei, chorei e precisei de um tempo para me recompor e continuar a conversa. Contei a ele sobre nossa situação financeira e a grande bênção que essa doação representava. Ele ficou tão emocionado ao ver que realmente fora Deus quem tocara seu coração que, no final, estava mais feliz do que eu. Não é de forma maravilhosa que o nosso Deus trabalha? Sempre acrescentando uma emoção extra... Mas que alegria saber que nunca estamos sozinhos nessa jornada!

A nova Casa Lar: uma conquista coletiva

Com mais essa vitória, conseguimos nos mudar para a nova "Casa Lar" em julho daquele mesmo ano. Foram inúmeras viagens de ida e volta com a van e, graças a Deus, todas as 20 pessoas se mudaram na mesma noite — ninguém suportava esperar mais. Realizamos um culto de ação de graças na nova sala de estar e, em seguida, concluímos toda a mudança de uma só vez. Boa parte da mudança foi feita a pé: carrinhos de mão carregados e empurrados pelas ruas até o novo lar. Todos estavam maravilhados — a nova "Casa Lar" era nossa!

Igreja e meninas da Casa Lar no novo terreno comprado em 2003.

14

Um tempo na Alemanha

O coração do ser humano traça o seu caminho,
mas o SENHOR *lhe dirige os passos.*
Provérbios 16.9

Logo após a publicação da primeira versão deste livro, em 2005, minha esposa, Iara, recebeu a notícia de que havia sido aprovada para uma bolsa de estudos de pós-doutorado na Alemanha. Foi um momento de muita alegria para nossa família. Essa oportunidade representava um sonho para Iara, mas também algo especial para todos nós: viveríamos um período na Europa, próximos de meus pais e irmãos e, especialmente, de minha única avó viva, que apesar de já ter bem mais de oitenta anos ainda morava sozinha na Inglaterra. Apesar da empolgação, essa mudança trouxe consigo vários desafios pessoais e internos.

Como pastor de uma igreja ainda pequena, mas em crescimento, e líder de um novo projeto social em Curitiba, deixar o trabalho era algo que me preocupava. A igreja havia sido plantada em 1998, e desde 2003 estávamos em um novo prédio. A associação que fundamos, que acolhia mulheres e crianças em situação de vulnerabilidade, também estava entrando no quinto ano de atuação. Na época, tínhamos apenas uma funcionária: uma mãe social, que até então era voluntária e, graças a um esforço conjunto, havia se tornado funcionária remunerada. Grande parte das demandas ainda era atendida por nós mesmos ou por poucos voluntários, como Adaílton, que se tornara um braço direito, ajudando com compras e no transporte de pessoas.

Receber a notícia da bolsa de estudos foi um misto de felicidade e temor. Era um convite para apoiar minha esposa e cuidar dos filhos em um novo país, mas também significava abandonar a rotina intensa e envolvente que tínhamos no Brasil. Admito que me emocionava bastante ao pensar em ficar longe da igreja e do projeto social. Não era apenas a preocupação com a possibilidade de que eles sobreviveriam sem mim, mas também o desafio de abrir mão de algo tão próximo do meu coração. É difícil expressar a profundidade das emoções que eu sentia por esses projetos tão recentes, e temia que não tivesse tido tempo suficiente para consolidá-los, o que poderia resultar em uma grande crise sem que eu estivesse por perto.

Uma nova rotina e uma nova realidade na Alemanha

Nosso tempo na Alemanha, que durou cerca de 19 meses. Foi transformador, mas também desafiador. Iara dedicava longas horas ao seu pós-doutorado, saindo de casa às 8h e voltando apenas à noite. Coube a mim a responsabilidade de cuidar das crianças, levá-las à escola pela manhã e passar as tardes com elas. Embora isso tenha nos aproximado como família, confesso que muitas vezes me senti deslocado e inútil. Como relatei nos primeiros capítulos deste livro, quando conheci Iara trabalhando na Alemanha, o país já tinha um significado especial para nós como casal, e gostei muito de morar lá. Tanto eu quanto ela falamos alemão fluentemente, mas, ainda assim, a língua e o jeito alemão eram uma barreira significativa, e a cultura do país se mostrava muito diferente da do Brasil.

A pontualidade e a atenção aos detalhes, características marcantes da cultura alemã, são impressionantes, mas, especialmente para estrangeiros, também podem ser exigentes e de difícil adaptação. O privilégio de viver em diferentes culturas é algo muito especial, mas não é fácil. O idioma é o primeiro obstáculo, sendo uma barreira enorme à aceitação plena. Até as pessoas mais inteligentes do mundo, em uma língua que não dominam, podem parecer muito simples. Porém, mesmo quando se supera a barreira linguística, há muitas diferenças culturais que exigem humildade e constante atenção. Não é incomum que as pessoas vivam de forma muito insegura devido a essas diferenças.

Nenhuma cultura é perfeita; todas têm algo a ensinar, mas também possuem limitações. Talvez eu possa exemplificar isso com uma experiência. Morávamos em um prédio destinado a famílias de estudantes, uma moradia pequena, mas bem aconchegante. Certa noite, escutamos uma batida na porta, era um vizinho próximo. Convidamos o homem a entrar em nossa casa, e ele estava visivelmente angustiado. Contou-nos que havia passado a tarde pensando em tirar a própria vida e que precisava urgentemente conversar com alguém. Ele escolheu bater em nossa porta porque sabia que "não éramos alemães", como ele. Relatou que, em sua cultura, era incomum visitar alguém sem convite ou planejamento prévio, o que o fazia hesitar em incomodar seus conterrâneos. No entanto, por sermos de uma cultura "acolhedora", sentiu-se à vontade para buscar a ajuda necessária conosco.

A ordem e a disciplina alemã são qualidades admiráveis, mas, como vemos neste exemplo, também têm suas limitações. Afirmo com isso que o caráter de Deus e ensinamentos de Jesus são a soma do melhor de todas as culturas!

O desafio de uma igreja brasileira na Alemanha

Logo ao chegarmos à Alemanha, um casal brasileiro nos acolheu. Eles haviam morado lá por alguns anos e frequentavam uma igreja em Stuttgart, conduzida em português. Antes de partirem, pediram que eu ajudasse o pastor da igreja, chamado Rudi, que enfrentava algumas dificuldades. Embora minha primeira reação tenha sido de relutância — afinal, eu não havia ido à Alemanha para me envolver com brasileiros, muito menos para conduzir uma igreja —, ainda assim decidi visitar a congregação brasileira.

Ao chegar à igreja, fiquei impressionado. Tudo era bem-organizado: o louvor, a pregação, o ministério infantil. O pastor Rudi pregava com uma profundidade que me deixou sem palavras. Pensei comigo mesmo: "Eles estão bem, não precisam de mim". No entanto, poucos dias depois, recebi a notícia de que o pastor Rudi havia sido demitido pela liderança da igreja. A situação era caótica. Muitos membros decidiram deixar a congregação e seguir o pastor Rudi, que acabou fundando, a contragosto, uma nova igreja. Foi então que entendi o motivo de eu estar lá!

Tive o privilégio de apoiar essa transição, ajudando a organizar a nova igreja que, com o tempo, se tornou uma referência para a comunidade brasileira na Alemanha. Esse período me ensinou o valor de servir de forma humilde, sem buscar protagonismo, e de estar disponível para caminhar ao lado de pessoas em momentos de crise.

A igreja tornou-se uma grande referência e um espaço de apoio não apenas durante o nosso tempo na Alemanha, mas também por anos, até décadas depois. A comunidade brasileira na Alemanha era composta por pessoas de todas as esferas da vida. Muitos brasileiros — especialmente brasileiras — viviam realidades mais difíceis e buscavam apoio e consolo na igreja. Sem expor ninguém ou recorrer a generalizações exageradas, pude perceber que a precariedade financeira e legal, às vezes associada a relacionamentos complexos e, em alguns casos, abusivos, ressaltava a importância de estar ao lado da comunidade imigrante. Essa experiência me permitiu compreender o papel fundamental que uma igreja, enquanto comunidade organizada, pode desempenhar no acolhimento e no suporte a seus membros e familiares.

Foi uma alegria e uma honra conhecer alguns jogadores brasileiros profissionais de futebol que atuavam na Alemanha. Um deles, em especial, foi o jogador Cacau (Claudemir Jerônimo Barreto), que se tornou campeão da Bundesliga em 2007 e jogou pela seleção alemã na Copa do Mundo na África do Sul, em 2010. Ele compartilhava regularmente seu testemunho de conversão em encontros ao ar livre e em cultos por toda a Alemanha. Seu testemunho de uma pessoa íntegra, de família e de origens humildes no Brasil, tornou-se um excelente exemplo para o povo alemão. Foi motivo de muito orgulho vê-lo ser reconhecido como "Embaixador de Integração" da Federação Alemã de Futebol, responsável por representar a Federação em eventos e ajudar na construção de estratégias nacionais para apoiar a integração de migrantes na Alemanha.

O choque de realidades durante visitas ao Brasil

Antes de voltar a morar na Alemanha, prometi à igreja e à associação que faria visitas ao Brasil a cada seis meses, e assim fiz, retornando duas vezes durante o período em que vivemos no exterior. Na segunda dessas visitas, já após um ano vivendo na Alemanha, fiz questão de visitar uma família de membros da nossa igreja no Beco, uma comunidade extremamente pobre localizada a cerca de 400 metros da igreja em Curitiba.

Ao chegar ao local, fui imediatamente impactado pela precariedade da situação: sem saneamento básico, o ambiente era tomado pelo cheiro forte de esgoto, moscas e sujeira. As casas eram improvisadas, muitas feitas de madeira ou de restos de material de construção. Estar ali, depois de passar semanas em um contexto tão diferente na Alemanha, onde tudo era limpo e organizado, foi um choque profundo.

Enquanto conversava com a moradora, ela me contou histórias que ilustravam a dura realidade da vida no Beco. Uma de suas filhas havia dado à luz sem sequer saber que estava grávida, e o bebê nasceu dentro do vaso sanitário. Em outro momento, ela relatou como um de seus filhos havia sobrevivido a vários golpes de faca na barriga, fruto da violência que permeava a comunidade. Essas histórias me marcaram profundamente, pois contrastavam de maneira gritante com a experiência de vida que tínhamos na Alemanha, onde o saneamento básico e a segurança eram dados como garantidos.

Sentado ali ouvindo essas histórias percebi como era difícil conciliar essas duas realidades. Eu estava literalmente entre dois mundos: o mundo organizado e estruturado da Alemanha e o mundo de carências extremas e violência do Brasil. Poucas pessoas têm a oportunidade de vivenciar essas duas realidades tão de perto, e isso gerou em mim uma reflexão profunda sobre a natureza da minha fé e o papel de Deus em meio a esses cenários tão opostos.

Além disso, nossos filhos enfrentaram seus próprios desafios. Durante nosso tempo na Alemanha e, posteriormente, ao retornarmos ao Brasil, eles vivenciaram uma dualidade marcante. Na Alemanha, estavam imersos em um sistema educacional organizado e em uma cultura que valorizava a ordem e a disciplina. Já no Brasil, ao estudarem em uma escola de elite em Curitiba, passaram a conviver com colegas com estilos de vida e privilégios distantes da realidade vivida por tantas famílias atendidas pela Casa Lar. Havia um abismo entre os dois universos que eles frequentavam diariamente: o da escola e o do projeto social. Essa dualidade foi difícil de assimilar, tanto para eles quanto para mim.

Houve momentos em que questionei se estávamos fazendo a coisa certa. Lembro-me de compartilhar essa angústia com uma líder cristã chamada Débora Fahur, uma das coordenadoras nacionais da RENAS, uma rede cristã de ação social. Ela relatou como, na juventude, enfrentou desafios similares ao se casar com um homem de vida financeira estável, enquanto seu pai, um homem de fé e dedicado à missão social, lidava com milagres e a falta de recursos. Ela me encorajou a ter paciência e compreensão com meus filhos, destacando que não era fácil para eles processarem os contrastes entre esses dois mundos — e que, se já é difícil para adultos, imagine para adolescentes!

Também me lembro com clareza de uma conversa significativa com um missionário americano que havia trabalhado por anos com povos indígenas na Amazônia. Ele tinha vivido entre tribos isoladas, dedicando-se à tradução da Bíblia para línguas locais, muitas vezes criando alfabetos e preservando culturas que poderiam se perder. Contou que, enquanto seus filhos eram pequenos, sentiu a mesma dúvida que eu. Ele se perguntava se estava privando os filhos de uma educação formal e de oportunidades que ele mesmo havia tido. No entanto, agora adultos, seus filhos eram médicos, especialistas e profissionais bem-sucedidos. Ele me disse algo que ficou marcado:

— O que você está oferecendo aos seus filhos — a chance de viver entre culturas, povos e realidades tão distintas — é uma riqueza que não pode ser medida. Eles vão levar isso para a vida toda.

Essas palavras trouxeram alívio e uma nova perspectiva. Elas me ajudaram a enxergar que, embora os desafios fossem reais, o valor dessa experiência transcultural e da vivência entre realidades tão opostas seria inestimável para o desenvolvimento e a formação dos meus filhos. Mesmo em meio às minhas dúvidas, passei a confiar que Deus estava moldando seus corações e mentes de formas que eu ainda não podia compreender plenamente.

Sou grato pelo tempo que tivemos como família entre culturas — um período de amadurecimento para mim, trazendo também um certo equilíbrio entre as necessidades da família imediata e a "missão" individual e ministerial. Sei que não acertei sempre, e me solidarizo com todos os que enfrentam o desafio de equilibrar a vida familiar com o chamado ao serviço coletivo. Não é fácil!

Família Reason na Alemanha em 2006.

15

A história de Daniel — Parte 2

O perdão é o renascimento da comunhão rompida.[11]
Dietrich Bonhoeffer

Este é o segundo capítulo sobre Daniel, uma continuação do capítulo 7 escrito originalmente em 2004, no qual relatei sobre a morte de Daniel, assassinado brutalmente por dois jovens seminaristas em 1998. Isso aconteceu no fim do meu primeiro ano no Brasil, e o impacto de sua morte foi profundo, causando, em um primeiro momento, um choque diante da brutalidade do crime. Mas, com o tempo, essa tragédia trouxe uma escolha: poderíamos voltar para a segurança da Inglaterra ou permanecer no Brasil, enfrentando os desafios de uma sociedade dura e violenta, e crer que havia um propósito em nossa permanência

11 BONHOEFFER, Dietrich. *Vida em Comunhão.* (São Leopoldo/RS: Sinodal; São Paulo/SP: ASTE, 1999.)

— quem sabe, continuar o que Daniel começou: acreditar na transformação das pessoas.

Optamos por ficar e aprender. Percebemos que, para que mudanças reais ocorram na vida das pessoas, em certos momentos é preciso se colocar em vulnerabilidade e risco. Isso é o que o amor de Deus nos ensina e, de certa forma, foi o que Daniel nos mostrou em sua vida. Ser agente de transformação do coração humano requer coragem para fazer o que é necessário, mesmo quando não é o caminho mais fácil, mesmo que isso signifique andar a segunda milha.

Logo após a morte de Daniel, descobrimos que os dois jovens que o assassinaram, na verdade, tinham histórias de vida muito complicadas. Eles haviam sido criados nas ruas desde a infância, vindo do Estado de São Paulo. Ambos foram adotados por famílias cristãs alemãs que viviam perto da colônia Witmarsum, no Paraná. Era uma história marcada por tristeza e complexidade.

Alguns anos depois, em 2002, quando eu já pastoreava a Igreja Encontro com Deus, conheci outra família com muitas dificuldades enquanto ainda estávamos em um pequeno salão alugado em uma das ruas principais do Bairro Cajuru, bem pertinho a primeira Casa Lar. Era um espaço simples, com apenas três metros e meio de largura com a entrada apenas por um portão de aço basculante. Foi ali que reiniciamos os cultos e retomamos os trabalhos da igreja.

Certa tarde, um jovem recém-saído da Delegacia de Furtos e Roubos de Curitiba me procurou. Ele estava andando sem rumo depois de fazer "uma promessa" naquele dia para Deus. Assim que nos encontrou, chegou a me contar que tinha orado: "Se me tirar da cadeia, não voltarei mais ao mundo do crime e vou servi-lo". Em seguida me pediu orientação sobre o que fazer, agora que estava em liberdade.

A partir daquele dia, tentei orientá-lo nos pequenos passos em direção à reconstrução da sua vida. Pai de quatro filhos pequenos com sua atual mulher, começamos pela realização do casamento. Ele enfrentava o vício em drogas, algo comum entre os moradores da comunidade onde vivia. Seu irmão andava armado e me amedrontou bastante, mas devagarzinho ele demonstrou sinais de mudança.

Havia, porém, algo que gerava tensão entre nós: ele continuava a pedir ajuda financeira. Em uma situação de muitas necessidades e uma fragilidade total de condições, ele certamente me viu como alguém que poderia resolver alguns problemas nos quais ele se encontrava. Muitas vezes, contra minha própria vontade, eu atendia a esses pedidos, outras vezes, tentava negar.

Anos mais tarde, em 2014, recebi uma ligação dele a cobrar dele. Ele havia sido preso novamente, desta vez após ser denunciado ao tentar conseguir uma vaga de trabalho em uma chácara. "Pastor", indagou, "acredita que os crentes me colocaram aqui?" Ao pedir emprego eles tinham puxado a ficha dele e por falta de pagamento da "cesta básica" — o crime que o tinha colocado na cadeia anos atrás — estava com prisão decretada! Em vez de começar a trabalhar, foi preso para desespero da sua esposa e filhos, que esperavam ansiosos pela notícia de seu novo emprego.

Pelo telefone ele me pediu para visitá-lo e levar sua família, Bíblias e alimentos para ele e os outros presos. Confesso que não estava com ânimo para fazer isso. Mas "aquela Palavra" veio à minha mente, deixando-me sem escapatória: *Estive preso, e vocês me visitaram* (Mt 25.36 — NVI). Então, vamos visitá-lo!

Eu nunca havia entrado em uma prisão antes. Pedi ajuda ao pastor Isael[12] e juntos fomos até a delegacia de Palmeira. Levamos sua esposa e filho menor, colchões, alimentos e Bíblias.

12 Pastor Isael Carmo dos Santos começou a congregar conosco na Igreja Evangélica Encontro com Deus em 2010, quando sua esposa foi transferida para Curitiba do Rio de Janeiro pelo banco HSBC. Filho de um pastor da Igreja Assembleia de Deus, que fundou igrejas no Rio e Minas Gerais, Isael (não Israel!) depois de um tempo difícil de adaptação em Curitiba, foi convidado a conhecer nossa igreja e logo após se ofereceu para cooperar conosco no cuidado de famílias e na pregação. Tornou-se o pastor principal da nossa igreja por dois anos, como será relatado no capítulo 21 posteriormente.

Ao chegarmos lá, passamos pela revista, algo constrangedor e inesperado, e fomos conduzidos à área das celas, com duas alas: uma à direita e outra à esquerda, aparentemente idênticas. Entramos na cela à direita onde estavam 17 homens amontoados em um espaço projetado para seis, e o guarda saiu fechando o portão de aço atrás de nós.

O ambiente era escuro, com paredes sujas e o ar pesado de fumaça de cigarro. Não havia janelas; a pouca luz entrava apenas por furos em uma parede de espessura considerável. Não havia espaço para que as pessoas se movimentassem, e os únicos movimentos que conseguiam fazer eram o de se abaixar e levantar encostados na parede. A vigilância parecia ser feita por uma pequena webcam instalada em um canto do teto. Foi uma cena infernal.

Na minha ingenuidade, achava que todos os presos ali, como o meu amigo de muitos anos, eram apenas "ladrões de galinha". Estava profundamente enganado! Começaram a nos contar pelos números dos artigos do Código criminal os diversos crimes que tinham cometido. Um matou um policial, outro assassinou alguém da sua família e assim foram listando seus feitos.

Ao entrar, meu amigo me recebeu de forma calorosa: "Eu sabia que o senhor não iria me abandonar! Meu pastor é um homem de Deus!" Confesso que não sabia se ele estava com mais medo ou vergonha. Mas logo um jovem se aproximou e perguntou se podia falar comigo.

Ele me perguntou se eu era alemão. Achei a pergunta estranha, mas respondi que não. Ele então revelou que havia sido adotado por uma família alemã. Naquele momento, percebi quem ele era. Perguntei se ele tinha frequentado um certo seminário, e ele confirmou. Eu estava diante de um dos assassinos de Daniel.

Compreendi que Deus tinha um propósito em eu estar ali. O jovem me disse que buscava perdão, mas não conseguia se livrar da culpa. Falei com ele sobre Daniel, sobre o amor que Daniel tinha por ele, e sobre o poder transformador do perdão de Deus.

Eu queria muito que ele entendesse como Daniel era um homem especial. A gravidade de ter tirado sua vida e a perda que a morte de Daniel representou para mim, para muitos — e, de certa forma, até para aquele jovem diante de mim!

Logo após o assassinato, o irmão mais novo de Daniel veio de Fortaleza para vender o apartamento. Mas para poder fazer isso precisava limpá-lo. Apesar do receio de entrar em um ambiente de crime, tive tanta compaixão de seu irmão que fomos lá escovar as paredes e limpar o sangue.

Essa imagem vem à minha mente, e de forma enfática recontei o momento desta limpeza a todos os presos — o pastor Isael escutando em descrença e preocupado pela exposição. Mas entendi que precisava recontar, precisava ressignificar a morte de Daniel e completar o que ele tinha desejado para este jovem. Disse-lhe que o amor de Daniel não havia sido em vão.

Naquele momento, o ambiente ficou em silêncio, e eu o abracei, enquanto ele chorava. Lá estávamos nós, naquele espaço apertado e escuro, com lágrimas se misturando, enquanto o perdão de Deus era ministrado.

Essa experiência foi transformadora para todos nós. Ao sair daquela prisão, ficou claro para mim que o amor de Deus é capaz de alcançar até os lugares mais sombrios. *Onde aumentou o pecado, aumentou muito mais ainda a graça* (Rm 5.20). O amor de Daniel, e sua fé na transformação de todos continuaram a impactar vidas mesmo após sua morte.

Iara e Patrick com Pr. Isael e sua esposa, Joelaine, em 2009.

16

Amor ao próximo — ou melhor, ao vizinho

Thou shalt love thy neighbour as thyself.
Marcos 12.31 (KJV)

De volta ao Brasil, uma convicção clara surgiu em meu coração: a necessidade de olhar nosso trabalho no Brasil a partir do mandamento de amar o "vizinho". Essa percepção começou com uma reflexão sobre o entendimento do mandamento bíblico: *Ame o seu próximo*. Em inglês, a tradução da Bíblia na versão New King James seria "ame o seu vizinho". Essa distinção me fez pensar profundamente, pois a palavra "próximo", em português, pode parecer mais ampla, quase abstrata, enquanto "vizinho" remete diretamente àqueles que estão fisicamente próximos, à comunidade imediata.

Isso me levou a uma constatação desconfortável: embora a igreja fosse frequentada, em sua maioria, por pessoas de outros bairros e classes sociais mais altas, e a associação atendesse mulheres e crianças vulneráveis de todo o município, nossa comunidade local permanecia à margem. Os moradores do bairro Cajuru, que viviam a poucos metros da igreja, não se sentiam parte desses espaços.

Essa desconexão me incomodava profundamente. Foi então que, em 2007, surgiu a ideia de um projeto que conectasse a igreja à vizinhança. Começamos visitando as casas ao redor e entregando kits simples: café, um chocolate e um versículo bíblico, acompanhados de um pequeno questionário. Batemos nas portas e perguntávamos:

— Como podemos ajudar? O que vocês gostariam que fizéssemos aqui?

A resposta predominante foi desafiadora: saneamento básico. Eu quase chorei ao ouvir isso, pois era algo muito além de nossas possibilidades financeiras ou estruturais.

A segunda demanda, entretanto, era viável: cursos de informática. Em 2007, a inclusão digital ainda era um sonho distante para muitas famílias daquela região, na qual o acesso a computadores era limitado.

Assim, lançamos sete cursos voltados à comunidade, começando com aulas de informática básica. Esses cursos rapidamente ganharam força e se tornaram o embrião do que viria a ser o Centro Comunitário Cajuru. Em 2008, conseguimos comprar um terreno, e em 2013 inauguramos oficialmente o espaço. O centro foi concebido como um serviço preventivo, tanto para o bairro quanto para as famílias atendidas pela associação. Oferecemos um espaço de convivência para crianças e adolescentes, trabalhando em contraturno escolar com atividades que promoviam a educação, a socialização e o fortalecimento de vínculos.

Esse período me mostrou algo muito importante: a obra de Deus não depende de uma única pessoa. Durante o tempo em que estivemos na Alemanha, vi como ele levantou pessoas dispostas a trabalhar e a fazer com que os sonhos que eu havia idealizado e iniciado se tornassem realidade. Foi uma lição de humildade e confiança, pois percebi que Deus toca no coração de outros para carregar adiante aquilo que plantamos.

Quando voltamos, encontramos tanto a igreja quanto a associação mais fortes e em pleno funcionamento. Isso me ensinou que, embora o sonho tenha começado comigo, ele nunca foi apenas meu — pertence a Deus, e ele o realiza por meio de muitas mãos e corações. Sou profundamente grato não apenas por essas pessoas, mas pela disposição delas em assumir esse sonho como seu e fazê-lo prosperar.

O Beco e a convivência comunitária

O trabalho comunitário que desenvolvemos a partir da nossa volta da Alemanha se consolidou ainda mais e, aos poucos, tornou-se o Centro Comunitário Cajuru. O processo resultou na abertura de um novo prédio, bem maior do que o antigo espaço de acolhimento, que ficava em um terreno ao lado. Foi uma caminhada longa, cheia de desafios e momentos de oração (leia "desespero!"), até a inauguração formal do novo prédio com a presença do então prefeito de Curitiba em 2013.

Um aprendizado valioso veio do Centro de Assistência e Desenvolvimento Integral (CADI), uma entidade da qual participo agora como membro consultivo. Eles nos ensinaram que projetos comunitários precisam ser feitos *com* a comunidade, e não *para* a comunidade, para evitar que se tornem "elefantes brancos", desconectados da realidade local, promovendo *ownership*[13] e pertencimento, além de valorizar os desejos e criatividade dos próprios membros da comunidade.

13 Ownership: A frase "Sense of Ownership" em inglês expressa o sentimento de envolvimento pessoal no sucesso do próprio trabalho. Pode envolver um senso de orgulho, compromisso e disposição para ir além do esperado. Tem a ver com pertencimento e responsabilidade pelos resultados.

Começamos ouvindo os moradores para entender suas necessidades. As demandas eram claras: saneamento básico e cursos de capacitação em informática. Organizamos aulas de informática e cursos práticos como o de eletricista, que foi ministrado por um engenheiro voluntário da comunidade japonesa (Igreja Holiness) de Curitiba. Esses esforços tinham como objetivo alinhar as oportunidades às demandas locais, mas também fortalecer a confiança e a legitimidade da nossa atuação.

No entanto, as dificuldades estruturais e sociais eram imensas. A história da migração urbana no Brasil está profundamente conectada à desigualdade social e à falta de acesso à terra. Muitas famílias vieram para as cidades grandes buscando melhores condições de vida, mas acabaram em áreas de risco, como favelas e comunidades em terrenos inapropriados.

No Cajuru, havia um lugar conhecido como "O Beco", onde cerca de 100 famílias viviam em casas precárias, ao lado de um riacho poluído. Quando chovia, a água subia mais de um metro, inundando as casas e trazendo doenças e ratos. Era um cenário de caos e de muita precariedade social. Tudo isso, a poucos metros da nossa igreja e do projeto social.

A emergência no Beco

Havia algo que me incomodava profundamente na dinâmica da nossa igreja: a tendência de terceirizar a ação social para a associação, que nós mesmos fundamos. Embora muitos membros contribuíssem com ofertas e dízimos para apoiar os projetos sociais, havia uma desconexão prática entre a igreja e a comunidade. As atividades sociais aconteciam "ao lado" e não "dentro" da igreja. Isso criava uma sensação de distanciamento, como se o trabalho social não fosse uma responsabilidade direta da igreja, mas apenas algo delegado à associação. Essa mentalidade dificultava a integração entre os cultos e os projetos comunitários, mantendo a comunidade à margem. Eu orava pedindo a Deus um projeto que quebrasse esse distanciamento e trouxesse a comunidade para mais perto da igreja.

Foi então que um dia uma mulher da comunidade veio até nós desesperada. Tremendo, ela contou que sua casa, construída em madeira, havia desabado. O marido a abandonara e ela estava sozinha com três crianças pequenas. O terreno alagado havia comprometido as fundações da casa que, literalmente, caiu. Ela não sabia o que fazer e, ao ouvir sua história, percebi que essa era a resposta de Deus à minha oração. Não era apenas sobre reconstruir uma casa; era sobre reconstruir a relação entre a igreja e a comunidade, mostrando que nossa fé poderia se traduzir em ação concreta e compassiva.

Decidimos ajudar. Desmontamos a casa dela e começamos a construir uma base sólida, com fundações elevadas para evitar novos alagamentos. O trabalho foi árduo, pois o acesso ao Beco era extremamente limitado: não era possível entrar com veículos, apenas a pé ou de moto, por caminhos estreitos e precários. Todo o material, incluindo tijolos e caliça, precisava ser transportado manualmente, utilizando carrinhos de mão.

Durante semanas, pastores, obreiros e voluntários da igreja se reuniam aos sábados para trabalhar. Era uma cena que gerava comentários na comunidade: pastores, que normalmente não se envolvem em trabalho braçal, estavam ali com as mãos sujas de cal, carregando materiais e enchendo as fundações. Alguém até comentou:

— Eu não sabia que pastor trabalhava assim. De fato, não éramos fisicamente preparados para esse tipo de trabalho, mas queríamos mostrar que estávamos dispostos a nos esforçar e nos unir à comunidade de forma prática e solidária.

Esse momento foi uma oportunidade de testemunhar o amor ao próximo por meio de ações concretas.

Um milagre inesperado

Após muitos sábados de trabalho exaustivo, percebi que nosso ritmo não seria suficiente para completar a fundação no prazo necessário. O avanço era lento, e o desânimo começava a tomar conta. Enquanto eu estava no fundo da fundação, suando e tentando compactar o material para fixar melhor, algo inesperado aconteceu. Olhei para cima, e lá no alto do galpão de um depósito de materiais de construção que ficava ao lado, estava o dono do estabelecimento, observando nossa luta. A distância era marcante: ele estava no segundo andar do galpão, com uma vista clara de todo o terreno onde trabalhávamos. Lá de cima ele viu o esforço de pastores e voluntários com mãos calejadas, carregando carrinhos de mão em um ciclo interminável.

Ele nos chamou:

— Pastor, não é assim que se faz! Venha aqui.

Dei a volta, subindo até o galpão. Ele sugeriu algo inesperado: abrir um buraco na parede recém-construída de seu depósito para que o material pudesse ser despejado diretamente no terreno. Em poucas horas, dois caminhões de entulho foram descarregados através daquela abertura improvisada. O trabalho de meses foi concluído em uma manhã. Foi um testemunho poderoso de como Deus age quando nos comprometemos, provendo soluções que nunca imaginaríamos, usando pessoas e saídas inusitadas.

Reflexões sobre convivência comunitária

Essa experiência revelou a complexidade e os desafios do trabalho comunitário. Não se trata apenas de atender necessidades imediatas, mas de lidar com as dinâmicas sociais, culturais e emocionais de uma comunidade que, muitas vezes, já foi profundamente explorada e decepcionada. As pessoas, compreensivelmente, carregam desconfiança e ceticismo em relação a qualquer ajuda externa, pois promessas vazias e ações superficiais são frequentes. Para que projetos como este sejam bem-sucedidos, é necessário muito mais do que recursos materiais; exige humildade, paciência e uma disposição genuína de ouvir, aprender e caminhar ao lado daqueles que queremos apoiar.

Essa caminhada também nos mostrou nossas próprias limitações e falhas. Somos humanos, com nossas carências e desejos de validação e é fácil cair na armadilha de esperar gratidão ou reconhecimento. Entretanto, aprendemos que o verdadeiro impacto não vem de gestos grandiosos ou expectativas de retorno, mas da consistência, do respeito mútuo e do compromisso em valorizar a dignidade do outro, mesmo quando as diferenças e desafios parecem intransponíveis.

Hoje, aquela casa ainda está em pé. A família vive lá com dignidade. As crianças, que antes enfrentavam um futuro incerto, cresceram, construíram suas próprias histórias e agora têm seus próprios filhos. O impacto desse projeto vai muito além das paredes de uma casa; ele representa uma mudança na percepção da comunidade sobre o que é possível alcançar, uma semente de esperança plantada em um terreno que antes parecia infértil.

A convivência comunitária é, sem dúvida, um desafio contínuo, repleto de nuances e dinâmicas delicadas. Mas, também é um lugar onde experimentamos a graça de Deus em ação, em situações que desafiam nossa fé e nos moldam. É uma oportunidade única de aprender e crescer juntos — não apenas como indivíduos, mas como vizinhos, amigos e membros de uma mesma família humana. No fim, o que permanece é a certeza de que, em meio a nossas imperfeições e limitações, Deus continua a operar, transformando vidas e histórias de maneiras que jamais poderíamos imaginar.

Construção em mutirão no Beco.

17

Acolhimento conjunto e políticas públicas

A verdadeira prova de uma sociedade é a maneira como ela trata seus membros mais vulneráveis.[14]
Dietrich Bonhoeffer

Em 2009, tive acesso a um documento que marcaria profundamente minha trajetória. Muitas pessoas cristãs relatam o impacto transformador do momento em que a Bíblia começa a fazer sentido em suas vidas, quando as palavras deixam de ser apenas texto e passam a revelar propósito e clareza. Para mim, já convertido há muitos anos, um momento semelhante de compreensão veio de um lugar inesperado: o Plano Nacional de Convivência Familiar e Comunitária.[15]

---

14 BONHOEFFER, Dietrich. *Ética.* (São Leopoldo/RS: Sinodal; São Paulo/SP: ASTE, 2002.) Frase atribuída a Bonhoeffer, mas não confirmada.

15 Brasil. *Plano Nacional de Promoção, Proteção e Defesa do Direito de Crianças e Adolescentes à Convivência Familiar e Comunitária.* Conselho Nacional dos Direitos da Criança e do Adolescente (CONANDA) e Conselho Nacional de Assistência Social (CNAS). (2006.) Disponível em: https://cutt.ly/urfy4Mip (acesso em 11/04/2025).

Esse documento público, construído em parceria entre o governo, a sociedade civil e especialistas da área, foi um divisor de águas para minha compreensão do trabalho que realizávamos. Ele nasceu a partir da Caravana da Comissão de Direitos Humanos da Câmara[16], entre setembro e dezembro de 2001, com o objetivo de mapear e avaliar a situação das instituições de acolhimento no Brasil. O que eles encontraram foi desolador. A realidade dos orfanatos e abrigos grandes era marcada por condições precárias. Crianças e adolescentes estavam praticamente abandonados, vivendo em locais que mais pareciam depósitos humanos. A sinceridade e a crueza com que esses problemas foram expostos no Plano me impactaram profundamente.

Ao ler o documento, deparei-me com o artigo 227 da Constituição Brasileira, que estabelece os direitos das crianças e adolescentes, incluindo o direito à convivência familiar e comunitária. Foi a primeira vez que ouvi falar desse conceito e direito de "conviver". Como alguém de língua materna inglesa, fiquei intrigado com a riqueza da palavra "conviver", que vai além de *live together* (viver juntos). Conviver não é apenas coexistir ou compartilhar um espaço; é construir histórias e trajetórias juntos. É compartilhar experiências, participar ativamente e desenvolver relacionamentos significativos. Esse entendimento transformou não apenas minha visão sobre o trabalho que fazíamos, mas a forma como eu enxergava a importância de cada interação dentro do Acolhimento Conjunto.

Esse direito, descrito na Constituição e reforçado pelo Estatuto da Criança e do Adolescente (ECA)[17] de 1990, é o direito de crianças e adolescentes mais violado no Brasil. Quando li o Plano Nacional,

---

16 PEREIRA, Juliana Maria Fernandes e REASON, Patrick James. "Avaliação e Atualização do Plano Nacional de Convivência Familiar e Comunitária", in: MARTINS, Fernanda Flaviana de Souza (org.). *Dialogando sobre a garantia do direito à convivência familiar e comunitária.* (Belo Horizonte/MG: PUC Minas, 2024.)

17 Brasil. *Estatuto da Criança e do Adolescente* (Lei nº 8.069, de 13 de julho de 1990). Diário Oficial da União. (1990.) Disponível em: https://cutt.ly/urfurK6i (acesso em 11/04/2025).

senti que havia encontrado uma base sólida para compreender e defender o trabalho que realizávamos. Na época, muitas vezes éramos questionados por técnicos, fiscais e até pelo Ministério Público. Acusavam-nos de atuar fora da legislação, por não haver regulamentação específica para o Acolhimento Conjunto de mães e filhos. Esse era um grande desafio, mas o plano validava o que acreditávamos: proteger a convivência entre mães e filhos, sempre que possível, era essencial.

Contudo, a ausência de regulamentação específica do nosso serviço representava uma ameaça constante à continuidade do financiamento e do orçamento público destinados ao Acolhimento Conjunto. Sem um respaldo claro na legislação, nossa sustentabilidade financeira estava sempre em risco, sujeita a decisões políticas e interpretações jurídicas momentâneas. Essa percepção foi um ponto de virada para mim. Diante desse cenário, decidi me engajar diretamente no processo de alterar a legislação, buscando garantir não apenas a proteção legal do nosso modelo de acolhimento, mas também sua viabilidade a longo prazo.

Nosso trabalho havia começado anos antes, ainda em um orfanato. Lá, conhecemos mulheres lutando para permanecer com seus filhos. Essas mães, muitas vezes abandonadas pelas políticas públicas, não tinham quem as apoiasse. Quando saímos do orfanato e começamos a acolher mães e filhos em situação de vulnerabilidade, enfrentamos desafios imensos. Técnicos e fiscais nos perguntavam constantemente:

— Qual é a base legal para isso?

Nossa resposta passou a ser sempre a mesma:

— Estamos garantindo o direito à convivência familiar.

Conforme nosso trabalho crescia, percebemos a importância de nos profissionalizarmos. Em 2008, contratamos nossa primeira Assistente Social. Aos poucos, ampliamos a equipe com psicólogos e outros técnicos e coordenadores. Esse processo foi essencial, pois precisávamos apresentar argumentos técnicos sólidos para defender o Acolhimento Conjunto como um direito fundamental. Trabalhar com o poder público era desafiador, mas entendemos que era nossa responsabilidade educar as autoridades sobre o que fazíamos.

O Sistema Único de Assistência Social (SUAS) ainda estava em construção e havia muitas lacunas na legislação. Como uma instituição com nome religioso, fundada por um grupo de pessoas e com financiamento de uma igreja, entendemos a importância de garantir que nosso trabalho técnico fosse sólido e bem fundamentado, especialmente diante da ausência de regulamentação específica para o Acolhimento Conjunto. Não enfrentávamos resistência por sermos uma organização de identidade cristã, mas sabíamos que, sem uma base técnica robusta, corríamos o risco de parecer que éramos apenas "meros religiosos" oferecendo um serviço sem respaldo formal. Na verdade, estávamos propondo algo inovador, que unia excelência técnica a um compromisso ético e humanitário, sem jamais nos esquecermos de que estava alinhada a princípios Bíblicos, entre eles o cuidado com o órfão, a viúva e o migrante.

Uma pequena reflexão a partir da Bíblia:

No livro de Atos, que relata o início da igreja no Oriente Médio há dois mil anos, o capítulo 6 descreve uma demanda social que surgiu na comunidade da época. Havia um problema relacionado à falta de atenção e ao fornecimento de alimentos e dignidade a um grupo de viúvas. Diante dessa necessidade, surgiu a ideia de escolher sete pessoas — *homens de boa reputação, cheios do Espírito e de sabedoria* — para essa tarefa (At 6.3). São tempos diferentes, com dinâmicas sociais distintas, mas, em nossa sociedade, ainda encontramos "viúvas de maridos vivos" e a necessidade urgente de proteção e dignidade. Aqueles sete homens foram chamados de diáconos e servem de inspiração para o nosso trabalho, que se dedica, com propósito divino, à promoção da dignidade de todos.

Nessa época, começamos a trabalhar em rede, integrando um grupo diversificado de instituições de acolhimento, tanto religiosas quanto laicas, unidas por um objetivo comum: influenciar o poder público para garantir melhores condições de financiamento e maior apoio técnico. Minha primeira participação em rede ocorreu a convite do Pr. Werner Fuchs, grande incentivador da publicação da versão deste livro em 2005. Como fundador da Rede Evangélica Paranaense de Ação Social (REPAS), ele me apresentou a um grupo de gestores e líderes de instituições sociais com formação cristã. Participar da REPAS, onde fui coordenador estadual por três mandatos, foi minha primeira grande escola no trabalho em rede.

Logo depois, conheci a RIA (Rede de Instituições de Acolhimento de Curitiba e Região Metropolitana), um espaço de articulação no qual compartilhávamos experiências, desafios e estratégias para fortalecer o acolhimento de crianças e adolescentes. Foi por meio da RIA que percebemos que a união era essencial para promover mudanças reais e sustentáveis.

Essa articulação me levou a representar o grupo em Brasília, durante um encontro para a construção do Movimento Nacional Pró-Convivência Familiar e Comunitária (MNPCFC), uma iniciativa que buscava estabelecer diretrizes nacionais para promover o direito à convivência familiar. A partir dessa experiência, assumi a posição de Secretário Nacional do Movimento entre 2017 e 2021, período em que tive a oportunidade de liderar, pela sociedade civil, a avaliação do Plano Nacional de Convivência Familiar e Comunitária (PNCFC), originalmente publicado em 2006. Esse processo foi crucial para avançarmos na inclusão do Acolhimento Conjunto como política pública, uma conquista esperada e necessária para reconhecer e garantir o direito à convivência familiar e comunitária.

Durante esse período, trabalhamos intensamente para consolidar políticas públicas que assegurassem tanto o reconhecimento quanto o financiamento adequado para serviços de acolhimento. O modelo de Acolhimento Conjunto que desenvolvemos ganhou reconhecimento[18], sendo citado como exemplo no revisado Plano Nacional de Convivência Familiar e Comunitária, cuja avaliação finalizamos em 2024. Hoje, nosso trabalho é reconhecido como exemplo de serviço e política pública em nível nacional, com contribuições significativas para a revisão do plano, a ser publicada em 2025.

Um encontro transformador no hospital

Um dos casos mais impactantes que já vivenciamos e que reafirma por que seguimos acreditando tanto no Acolhimento Conjunto foi o de uma jovem mãe adolescente que havia engravidado do próprio pai. O bebê nasceu em circunstâncias terríveis, e ambos enfrentaram inúmeras dificuldades desde o início. Essa jovem e seu bebê foram acolhidos pela nossa instituição após intervenção do Conselho Tutelar. Em um momento crítico, o bebê adoeceu gravemente e foi internado no Hospital Pequeno Príncipe, referência em pediatria no Brasil e na América Latina.

Minha esposa e eu decidimos visitá-los. No caminho para o hospital, conversávamos no carro sobre a gravidade da situação. Ambos estávamos profundamente tocados e consternados. Falávamos sobre o sofrimento daquela mãe e o impacto das circunstâncias traumáticas que envolviam aquele bebê. Lembro-me de dizer:

— Talvez fosse melhor que Deus recolhesse este bebê, para acabar com tanto sofrimento.

18 REASON, Patrick James. "O Serviço de Acolhimento Conjunto: Introdução e necessidade de tipificação e ampliação na proteção de crianças e adolescentes com suas mães", in: MARTINS, Fernanda Flaviana de Souza (org.). *Dialogando sobre a garantia do direito à convivência familiar e comunitária.* (Belo Horizonte/MG: PUC Minas, 2024.)

Essa era uma conclusão que parecia lógica diante de tamanha dor, mas que carregava uma tentativa de simplificar uma dor que, na verdade, não pode ser compreendida em sua totalidade.

Quando chegamos ao hospital e subimos ao quarto nos deparamos com uma cena que transformou completamente nossa visão. A jovem mãe estava ajoelhada ao lado do berço, com as mãos juntas, orando fervorosamente pela vida da filha. Sua oração era tão profunda e intensa que parecia encher todo o ambiente, ignorando completamente quem estava ao redor. Não havia hesitação ou vergonha, apenas um amor puro e inabalável.

Foi impossível não refletir naquele momento: enquanto nós entrávamos no quarto carregados de racionalismos, julgamentos e até mesmo dúvidas sobre o que seria melhor para aquela criança, ela nos mostrou algo que transcendia qualquer lógica humana. Aos nossos olhos, era fácil enxergar as dificuldades, as limitações e os traumas que aquela situação representava. Mas aos olhos de uma mãe, nada disso importava. Para ela, sua filha não era definida pelos desafios morais ou aparentes; ela era simplesmente sua filha, digna de amor, cuidado e intercessão, sem condições ou reservas. Esse amor, que ama por amar, nos deu uma lição de fé, esperança e o valor sagrado do vínculo entre mãe e filho.

Hoje, muitos anos depois daquele dia, aquela bebê é uma mulher adulta. Tornou-se enfermeira e é mãe. Ela conhece a sua história, os traumas que a envolveram, mas vive com dignidade e determinação. O amor de sua mãe, demonstrado naquele momento de desespero no hospital, foi o alicerce que a ajudou a crescer e construir sua própria vida.

Reflexões finais

Essa trajetória tem sido uma jornada de aprendizado e fé. A convivência entre mães e filhos, mesmo em situações de vulnerabilidade, é sagrada. Lembro-me de ouvir alguém dizer:

— Quando lidamos com a maternidade, tiramos os sapatos, pois pisamos em terra santa.

Essa frase encapsula aquilo em que creio. Nosso trabalho é muito mais do que fornecer abrigos: é resgatar e fortalecer os laços mais profundos e preciosos da criação divina.

https://www.grupoecd.org/

Patrick com jovens de acolhimento e membros do Movimento Nacional Pró-Convivência Familiar e Comunitária no Seminário em Belo Horizonte em 2023 — Patrick foi Secretário Nacional do Movimento de 2017 até 2021.

18

Quando não há motivos para celebrar o Dia das Mães

A maternidade e a paternidade verdadeiras não são apenas biológicas. Elas acontecem quando criamos espaço para outro existir e crescer.[19]
Henri Nouwen

Acordei cedo no Dia das Mães, preocupado em mobilizar meus filhos adolescentes a tempo de participarmos da Escola Bíblica Dominical.

— Vocês já fizeram a carta para a sua mãe? — perguntei.

— Só mais cinco minutos, pai — foi a resposta, já esperada.

Saí de casa às pressas para comprar aquelas rosas que garantem mais um ano de favor conjugal merecido. Este era o meu mundo, um mundo muito parecido com muitas famílias cristãs no nosso

19 NOUWEN, Henri J. M. *Reaching Out: The Three Movements of the Spiritual Life*. (Nova York/NY: Doubleday, 1975.)

Brasil atual. Temos também nossos desafios em família, altos e baixos, e tentamos aplicar a Palavra na instrução dos filhos, tanto na aplicação prática quanto no comportamento afetivo. Graças a Deus, normalmente dá certo. E assim foi. Depois de cartões e um lindo buquê na mesa do café, saímos felizes para a igreja.

Lembro aqui que nossa igreja compartilha o terreno com uma das casas de acolhimento de crianças e suas mães, ou seja, trata-se de uma realidade singular. Nenhum dos moradores da Casa ou participantes do Centro Comunitário tem a obrigação de participar dos cultos, mas muitos querem e gostam. A vida espiritual é um direito, assim previsto no Estatuto da Criança e do Adolescente[20]no Brasil, mas é um direito que causa muitas dúvidas quanto à forma de garanti-lo e oferecê-lo. Lamentavelmente é comum usar a religião como moeda de barganha e uma troca para os serviços sociais oferecidos. Esta prática, além de não ser eficaz, é abusiva, e por isso há entre os profissionais de Serviços Sociais uma necessária desconfiança. Mas o inverso também é violador. Em serviços sociais, a espiritualidade é algo desejado por muitos. Morar em acolhimento, superar os traumas que o motivaram, ou apenas a própria jornada humana de autoconhecimento e busca por respostas existenciais, exigem a oportunidade de conhecer Deus e exercer a espiritualidade.

Nossa igreja se encontra nessa tensão constante, fazendo o possível para oferecer o direito a cultuar, enquanto mantém a equidade entre todos. Algo que ajudou muito com isso no decorrer do tempo foi a compreensão da liderança da igreja de que era necessária a separação entre as lideranças da Igreja e da Associação. Como a história das duas instituições era entrelaçada, muitos membros da diretoria também faziam parte da liderança da

20 Conforme o Estatuto da Criança e do Adolescente (ECA), Lei nº 8.069/1990, o direito à vida espiritual e religiosa está garantido como parte dos direitos fundamentais das crianças e adolescentes. O artigo 16 assegura a liberdade de crença e culto religioso, enquanto o artigo 17 reforça o respeito à identidade, autonomia, valores, ideias e crenças, protegendo a integridade física, psíquica e moral desses indivíduos.

igreja. Mas foi o Leandro, pastor local da Igreja ECD desde 2017, que esclareceu sua visão: era necessário "não se envolver com a Associação" para poder servir a todos igualmente. Ele dizia:

Quero que as famílias (do acolhimento) tenham a melhor experiência de uma igreja possível, mas sem serem diferentes de qualquer outra pessoa que nos visita ou congregue conosco.

E assim temos visto uma oportunidade de servir e aprender em conjunto.

Não é fácil. A igreja tem suas expectativas e poucas pessoas têm maturidade para conviver com algumas realidades sociais, como as histórias marcadas por violência e abuso que são frequentemente compartilhadas. Isso me remete à constatação de William Booth, fundador do Exército de Salvação, que levou um grupo de pessoas em situação de rua para uma igreja local, mas a congregação não conseguiu lidar com os desafios dessa convivência. Logo após ele abriu igrejas somente para eles, e lideradas por pessoas em situação de rua.

De manhã teríamos a Escola Bíblica Dominical de praxe, mas o culto à noite seria especial, com lembrancinhas para as mães e uma musiquinha ensaiada pelas crianças, com *playback* e coreografia. Ainda pela manhã, era a hora de reunir o grupo para uma rápida oração antes de nos dividirmos por faixa etária e aproveitarmos um bom estudo bíblico. Assim que entrei na igreja, desatento e agradecendo a Deus porque tudo tinha ido bem em casa, fui impactado pela realidade da fragilidade das vidas da nossa comunidade.

A primeira pessoa que encontrei foi Willian, um menino lindo, com olhos e cílios que provocariam inveja na maioria das mulheres. Ele morava com a avó e frequentava nosso Serviço de Convivência diariamente. Ele sempre chegava sozinho aos cultos. Eu sabia que sua mãe estava presa, mas, pressionado pela data especial, perguntei como ele estava.

— Pastor, ela saiu da prisão! — Willian respondeu.

Meu alívio foi imediato.

— Que bênção. Você pediu tantas vezes por isso! — celebrei.

— Mas ela não vem me ver — ele continuou.

Essa simples declaração me abalou: Willian não merecia isso. Nenhum filho merece isso! Seus olhos, cheios de resignação, transmitiam uma dor profunda. Pensei: "Você merece algo muito melhor", mas não tive coragem de externalizar meus pensamentos. Travei.

Continuei cumprimentando outras pessoas que chegavam, até que me deparei com aquele casal "perfeito", cheio de beleza e vigor, amado por todo mundo. Logo a esposa veio se desculpar. Eles não viriam ao culto à noite, como de costume. Estavam tentando ter filhos há anos, inclusive fazendo tratamentos, mas não estavam conseguindo engravidar. Ir ao culto e assistir outras mães receberem homenagens seria uma dor insuportável. Que dureza.

Antes que eu assimilasse meus pensamentos e sentimentos, cumprimentei uma mulher que havia saído da nossa casa de acolhimento antes do tempo planejado pela equipe técnica, e sem a permissão do judiciário. Ela, com saudades e carente da afeição de seu padrasto que a engravidou algumas vezes, e frustrada com as regras institucionais e com as demandas para controlar seus quatro filhos "impossíveis", saiu com as crianças e voltou para casa com elas. A juíza, enfurecida pelo aparente desacato da mãe, ordenou que seus quatro filhos fossem acolhidos — duas meninas para um abrigo, dois meninos para outro — sem direito a visitas por um tempo. A mãe ficou sozinha para aprender a partir dos seus maus caminhos, e muito em breve recebemos notícia que estava grávida novamente. Mas naquele dia, como já tinha acontecido algumas vezes, ela quis nos visitar. Precisava de orientação e amparo. Antes tidos como os "chatos", agora éramos melhores do que a solidão. Desqualificada de ser apta para ser mãe, o que restou era estar no lugar onde tinham convivido em outra época.

"O que fazer diante de tudo isso, Patrick? Será que a sua mensagem e ministração de Santa Ceia e a apresentação das crianças no culto hoje à noite vai saciar este povo? Vai falar algo para eles ou ignorar a dor e tranquilizar sua própria consciência?", eu me perguntava. Certamente, não. Não tinha mais nada para pregar!

Aquela tarde foi uma batalha interna. A religiosidade me pressionava a pregar uma mensagem de vitória e valorização da mulher e da maternidade, mas minha consciência exigia uma palavra que admitisse a fragilidade, a dor de não conseguir ser a família que a sociedade considera adequada. Ai, ai, ai, muita dor! Como falar diante disso tudo?

Onde está o Zé?

Noventa e nove por cento de minhas pregações são apenas exposições fundamentadas naquilo que a Palavra fala por si só. Eu tento ajudar a compreensão através daquilo que eu mesmo entendi e com exemplos práticos. Mas desta vez, foi além disso: minha pregação foi fruto de uma inspiração divina específica. Não digo isso levianamente. Tenho convicção que não foi algo que somente pensei ou deduzi. Eu estava completamente confuso!

Peguei a concordância bíblica e fui procurar versículos que falam da maternidade. Há uma passagem em João 19.25-27 na qual eu nunca tinha parado para pensar. Nesta passagem, Jesus fala em meio à crucificação ao seu amigo, João, e à sua mãe, Maria. Podemos notar várias coisas aqui. A primeira é que José não estava.[21]

---

21 Atualmente a pesquisa bíblica do NT em geral considera a ausência de menções a José nos relatos bíblicos dos episódios da vida adulta de Jesus, incluindo sua crucificação, como indício de sua morte ter ocorrido antes deles. (N. Editorial)

Essa não é a reflexão principal sobre o texto, mas é uma excelente indagação a ser feita no contexto da nossa sociedade moderna, especialmente aplicável à América Latina:

— Onde você está, Zé? Onde você está? Pelo amor de Deus, cadê você, homem?

Na hora difícil, no sofrimento, no ensino e na formação, no nascimento e até na morte precipitada das crianças brasileiras, onde está o pai desses garotos e garotas? Hoje predominam famílias nas quais o pai é completamente desconhecido ou efetivamente ausente.

Em quase 25 anos de atendimento de mulheres e crianças em nossas casas de acolhimento, não me lembro de um único caso em que uma mãe solo que foi acolhida com seus filhos tivesse um relacionamento ativo com seu pai. Estou falando de quase mil mulheres!

A mãe deixa de ser mãe quando o filho morre?

A segunda observação no texto é que Jesus causou um problema sociofamiliar ao morrer naquele momento. Sem diminuir o valor eterno e determinante da morte redentora na cruz, Jesus criou para Maria, sua mãe biológica, um problema existencial. Depois de compartilhar da mesma casa com a minha sogra por um ano em 2008, percebi que ela não sabe existir sem encarnar a maternidade. Mãe de sete, avó de mais de vinte e bisavó de uma dúzia, pelo menos, até o ano de sua morte, não houve um dia em que ela não tivesse "quase morrido" de preocupação por um ou outro dos filhos, netos e bisnetos. A vida dela não fazia sentido sem se preocupar com eles.

Maria, mãe de Jesus, estava perdendo seu filho mais velho naquele momento. Após a ressurreição, não há menção de qualquer referência à relação entre mãe e filho. Não sei exatamente o que significava, culturalmente naqueles tempos bíblicos, o cuidado na velhice pelo primogênito e, após essa morte prematura, qual era o papel dos outros filhos, mas sei que houve um vazio sem precedentes na vida da mãe Maria.

E João? Se eu tivesse passado metade do que ele iria passar até chegar a Patmos, gostaria de ter uma mãe intercedendo por mim e, quem sabe, preparando aquela comidinha especial para me esperar depois de uma viagem missionária. Não sei se a mãe biológica de João ainda vivia, nem por que Maria não tinha os outros filhos à sua espera, mas sei que Jesus usou o pouco fôlego que restava de sua vida sacrificial para garantir o amparo um do outro.

Naquela fala, Jesus constituiu uma nova conjuntura familiar. Jesus não disse: "João, cuide de minha mãe como se fosse sua mãe", ou: "Maria, cuide de João como se fosse seu filho". Não. Ele disse a Maria: — *Mulher, eis aí o seu filho*. Em seguida, disse a João: — *Eis aí a sua mãe* (Jo 19.26-27).

Jesus empoderou Maria para ser a mãe de João e João para ser filho de Maria. Assim, ele os entregou um ao outro e estabeleceu o princípio da família substituta a partir da cruz do Calvário. Maria não era mãe biológica de João, e João não era filho biológico de Maria, mas isso não se vê como barreira nas palavras de Jesus.

Jesus se preocupa com quem é filho e quem é mãe. Ser mãe de alguém e pertencer a alguém como filho é uma necessidade fundamental para todo ser humano. Ele sabe que precisamos ser filhos de alguém. Quantas crianças e adolescentes — filhos de vizinhos, filhos de parentes, grupos de irmãos em abrigos institucionais, jovens em mocós[22], crianças em situação de rua ou até em nossas igrejas (bem na Escola Bíblica Dominical da minha igreja naquele dia) — precisam de uma mãe ou de um pai?

Jesus pode nos chamar para sermos mães e pais de diversos filhos. Não para brincar de mãe e pai, mas para ser mãe e pai.

22 Esconderijo; local secreto de guarda de algo ou onde alguém se esconde. (N. de Revisão)

Veja o resultado triunfal dessa nova construção familiar que Jesus estabeleceu a partir da cruz: *Dessa hora em diante, o discípulo a tomou para casa* (Jo 19.27). Essa é a minha oração para você e para todas as crianças, adolescentes e jovens. Um lar para cada criança brasileira.

Epílogo

Não quero deixar as histórias de todos daquela Escola Dominical sem conclusão. Willian completou a maioridade morando com sua avó e a última vez que o vi estava trabalhando.

A mãe dos quatro filhos, agora seis, está em um relacionamento estável e as crianças voltaram a morar com ela depois de aproximadamente dois anos acolhidos. Todos já são adultos. A mãe frequenta uma igreja fielmente e tem um ciclo estabelecido de amigos. Passou por muitas dificuldades, inclusive a perda de tudo quando sua casa pegou fogo pouco tempo antes da pandemia da COVID-19, mas sempre com apoio, inclusive da nossa equipe de capelania. Eventualmente nos procura e passa notícias dos filhos e netos!

A história que tenho maiores informações — e que merece destaque aqui — é a do casal "perfeito". Eles congregam em nossa igreja até hoje. A mãe é pedagoga e o marido é gerente de vendas de uma empresa multinacional. Um ano ou dois após aquele episódio, fiquei sabendo que o casal estava se preparando para adotar. Vieram conversar comigo e perguntaram quanto tempo pode demorar para vir um bebê. Eu sabia que um bebê iria demorar bastante tempo, e expliquei que crianças maiores e grupos de irmãos eram a maioria do perfil disponível para adoção.

(Neste momento, no Brasil a idade média de crianças aptas para adoção é de dez anos. A possibilidade de adoção de crianças acima de 8 anos é bastante incomum, com questões de raça, gênero, grupos maiores de irmãos e especialmente deficiência física e mental, dificultando ainda mais).

Estava com bastante desejo de tentar influenciá-los, mas sabia que qualquer pressão minha não seria razoável, nem indicada. O casal precisava chegar à sua própria conclusão. E a que conclusão chegaram! Começaram adotando um casal de crianças com 5 e 7 anos, hoje adultos maravilhosos! E depois adotaram mais um casal de irmãs! Mas nem termina por aí! O primeiro casal tem uma meia irmã mais velha que convive bastante com eles, e a mãe das duas irmãs frequenta com regularidade sua casa.

Essa realidade ainda é rara no Brasil. Adoção "aberta" não tem legislação própria, e diferentemente da maioria dos países mundo afora, crianças adotadas tipicamente não têm acesso à sua família biológica, com direito de contato apenas após completar a maioridade. No mundo das redes sociais, isso se torna cada vez menos sustentável, resultando em inúmeras crianças e adolescentes acessando suas histórias pelas mídias sociais, nem sempre trazendo contato de forma preparada e controlada, e causando, em muitos casos, sofrimento para os pais e filhos adotivos.

Há tempos expresso em palestras e falas públicas minha opinião de que há a necessidade de atualizar a legislação para promover o contato, quando desejado, de maneira formal e conduzida. Até agora há pouco sinal de mudanças.

Voltando ao casal e todos os seus filhos, expresso minha admiração e amor por todos vocês. É impressionante o impacto que vocês têm na vida uns dos outros e de todos que os cercam. Eu mal podia imaginar que esse projeto de família estivesse tão próximo ao coração de Deus!

19

A Casa Jardim e a superação

Nunca tenha medo de confiar um futuro desconhecido a um Deus conhecido.[23]
Corrie ten Boom

No ano de 2009, a nossa instituição expandiu suas atividades e abriu uma segunda casa para acolhimento em uma residência alugada próxima. O objetivo era oferecer mais 15 vagas, ampliando nossa capacidade e organizando o atendimento de forma que mulheres adultas e seus filhos permanecessem ali, enquanto apenas as mães adolescentes e seus bebês ficassem na casa própria.

Essa nova casa ficava em um terreno inclinado, com uma estrutura antiga de madeira. Apesar das limitações, foi um espaço que usamos por três anos, enfrentando desafios como a

23 TEN BOOM, Corrie. *Clippings from My Notebook*. (Uhrichsville/OH: Barbour Publishing, 1982.)

presença intensa de cupins na estrutura e problemas recorrentes no sistema de esgoto, que não suportava o volume de pessoas atendidas no local.

Quando chegou o momento de renovar o contrato de aluguel, em 2013, o proprietário pediu um valor abusivo, tornando inviável a permanência no local. Nesse período, um amigo sugeriu uma propriedade disponível no bairro Guabirotuba, a cerca de 15 minutos de carro. Embora fosse uma casa maior e mais adequada em alguns aspectos, tinha um grande problema: o acesso era por um terreno ainda mais inclinado, com cerca de 50 degraus separando a rua da casa. A ausência de acessibilidade tornou o atendimento limitado e desafiador — sob chuva ou sol, as famílias desciam e subiam os degraus com seus filhos e bebês. Mesmo assim, mantivemos o trabalho ali até 2015, quando tudo mudou de forma muito abrupta.

O fechamento abrupto

No dia 3 de julho de 2015, recebi uma ligação inesperada enquanto estava na Inglaterra, organizando a festa de 18 anos do meu filho mais velho, David. Era a coordenadora da Casa do Guabirotuba, informando que a Vigilância Sanitária, a pedido do Ministério Público, havia interditado a casa. A justificativa envolvia a falta de acessibilidade e as condições estruturais precárias, o que, de certa forma, era compreensível. No entanto, a maneira como a ação foi conduzida revelou-se extremamente agressiva e desnecessária, causando um transtorno excessivo para todos, especialmente para as famílias que moravam na casa.

Em meio a uma chuva forte, as famílias foram colocadas em uma Kombi e transferidas para um espaço temporário, sem aviso prévio ou qualquer planejamento adequado. Uma mãe, recusando-se a entrar no veículo, pegou seu filho nos braços e saiu andando debaixo da chuva. O local para onde foram levadas pertencia a outra instituição, que nunca havia trabalhado com mães e filhos, e sua infraestrutura era tão precária quanto, ou em certos aspectos até pior do que aquela de onde tinham sido retiradas.

Nossa equipe, que testemunhou a ação, ficou profundamente abalada. Três funcionárias pediram demissão no mesmo dia, incapazes de lidar com o choque e o desprezo pelo trabalho. Sentiram-se agredidas. A coordenadora, que correu até o local para tentar mediar a situação, precisou ser levada ao hospital com pressão alta devido ao estresse. Eu, a distância no outro lado do mundo, sentia-me impotente e derrotado, questionando como tudo isso havia acontecido com um projeto no qual havíamos investido tanta dedicação e esforço.

O mais difícil de lidar era a sensação de medidas desiguais. Essa segunda casa era voltada para atender mães adultas com seus filhos, ou, como tantas vezes tentamos explicar, crianças e adolescentes acompanhados de suas mães. Por que essa inversão de lógica? A resposta parecia simples: tratava-se de uma questão meramente didática, mas alteramos a lógica para justificar que a casa atendia prioritariamente crianças e adolescentes. No entanto, embora suas mães fossem adultas, era evidente que o direito dessas crianças à convivência e ao cuidado materno deveria ser igualmente garantido pelo ECA.

Mas, na prática, isso não acontecia. O financiamento pelos Fundos de Direito da Infância (FIA), essencial para cobrir os custos reais de manutenção da casa, não podia ser acessado simplesmente porque a mãe era adulta e permanecia com os filhos.

— Não podemos usar o dinheiro da infância para alimentar adultas — ouvi repetidas vezes.

— Mas garantir que uma mãe tenha condições de se alimentar, cuidar e amamentar seu filho não está no melhor interesse da criança?! — retruquei inúmeras vezes. Mas minhas palavras sempre caíam em ouvidos surdos.

Sem esses fundos e sem financiamento adicional, a consequência prática foi a redução da qualidade do atendimento nessa segunda casa, em comparação com a casa destinada a mães adolescentes. E quando veio a interdição, ignoraram completamente os nossos pedidos de apoio, feitos repetidamente nos últimos três anos.

A busca por uma nova casa

Voltei correndo ao Brasil e me deparei com uma situação extremamente desafiadora. O financiamento público para a manutenção da casa e o pagamento dos salários foram suspensos imediatamente após a interdição, tornando a gestão financeira ainda mais complicada. Mesmo assim, solicitei ao Conselho Municipal de Assistência Social uma pausa de dois meses no convênio para reorganizar o projeto e buscar uma nova casa.

No entanto, encontrar um local adequado foi um verdadeiro drama. Precisávamos de uma casa grande, acessível e que atendesse às exigências técnicas, mas poucos proprietários estavam dispostos a alugar para uma instituição social como a nossa. E, para piorar, estávamos sem recursos financeiros! Em uma ocasião, chegamos a concorrer pelo aluguel com um bordel — e, inacreditavelmente, perdemos.

O processo foi frustrante e exaustivo. Eu me sentia dividido entre questionamentos a Deus e dúvidas sobre mim mesmo e sobre o futuro do trabalho. Mas, no momento de maior desânimo, uma resposta veio de onde menos esperava. Um amigo de nosso tempo na Alemanha, com quem eu conversava frequentemente, ouviu meu relato e decidiu intervir. Ao expressar minha frustração pelo telefone e pedir seu conselho e oração, cheguei a desabafar:

— Não acredito que seja a vontade de Deus que esse serviço deixe de existir!

Ao que ele respondeu:

— Eu também não acredito que seja a vontade de Deus que esse trabalho termine.

Alguns dias depois, ele fez algo extraordinário: comprou uma casa que havíamos visitado e a alugou para nós, permitindo que o projeto continuasse. Essa nova casa, localizada em um local mais acessível e com melhores condições, tornou-se um marco e uma fonte de grande ânimo para nossa equipe e para a continuidade do trabalho.

Um novo capítulo com dignidade

A nova casa foi reformada para atender às exigências de acessibilidade e inaugurada em dezembro de 2015, já com alvará de funcionamento. Desde então, permanece como um símbolo de superação e compromisso com o acolhimento digno de mulheres e seus filhos — ou melhor, crianças e adolescentes acompanhados de suas mães!

Nos últimos nove anos, essa casa já acolheu centenas de famílias, proporcionando um espaço que reflete a dignidade e o valor desse serviço. Além disso, tem recebido inúmeras visitas de técnicos e autoridades de todo o Brasil interessados em conhecer e aprender como realizar esse atendimento.

É algo tão óbvio: fortalecer uma mãe para que ela possa cuidar de seus filhos. Muito mais barato. Muito mais humano. Tão necessário.

Reflexão com o passar do tempo

Embora o fechamento abrupto tenha sido traumático, hoje consigo reconhecer que ele foi o ponto de partida para algo maior. Essa casa não apenas elevou o padrão do nosso trabalho, mas também se tornou um modelo de referência para outras instituições no Brasil e até internacionalmente. Amigos, representantes de Brasília e pessoas de diversos Estados e países vêm nos visitar, aprendendo com nossa metodologia e vendo como é possível oferecer Acolhimento Conjunto com qualidade.

Deus, mais uma vez, transformou uma crise em grande oportunidade. Sou profundamente grato ao amigo que tornou tudo isso possível e a todos os que nos ajudaram a superar esse desafio, preparando a casa e perseverando no projeto.

Esse serviço, que combina o acolhimento de mães e filhos em situação de vulnerabilidade, continua sendo o que mais me motiva diariamente. Ele é a expressão mais profunda daquilo em que acredito: que a convivência familiar é um direito sagrado e que a dignidade de cada vida merece ser preservada.

O exemplo de uma família: a luta pelo reencontro

Entre as muitas histórias que evidenciam a necessidade de um espaço de acolhimento para mães adultas e seus filhos, uma em especial ilustra de forma clara os desafios enfrentados por essas mulheres e as contradições do sistema de assistência social.

Essa história começa com uma mulher de aproximadamente 35 anos, residente no município de Pinhais. Quando chegou até nós, ela relatou que não sabia ao certo quantas gestações havia tido ao longo da vida. Estimava-se que fossem quase vinte. Muitas delas não chegaram a termo devido a abortos espontâneos ou ao uso de remédios caseiros. Algumas crianças nasceram, mas foram retiradas de sua guarda imediatamente, muitas vezes ainda na maternidade, por conta do seu histórico de dependência química e extrema situação de vulnerabilidade.

Quando foi encaminhada para a nossa casa, essa mãe ainda possuía quatro filhos sob sua responsabilidade. Mas a realidade de sua família era fragmentada: as crianças estavam acolhidas em um abrigo institucional em Pinhais, enquanto ela se encontrava internada em uma casa de recuperação para dependência química, chamada Rosa Mística, localizada na cidade de Ponta Grossa, cerca de duas horas de Curitiba. Essa casa de recuperação, administrada por freiras, mantinha um convênio com a prefeitura local, permitindo que ela passasse por um tratamento contínuo e de longa duração.

Após quase dois anos internada, ela foi considerada apta a deixar a instituição. Estava sóbria, livre do vício e, segundo os profissionais que a acompanharam, havia adquirido estabilidade emocional suficiente para retomar sua vida. No entanto, enquanto ela reconstruía sua identidade longe da dependência, seus filhos continuavam no acolhimento, sem perspectivas reais de adoção ou reintegração familiar. O mais velho tinha cerca de 12 anos, e a mais nova, 5.

Foi nesse momento que começou uma disputa institucional entre os órgãos responsáveis pela assistência social. Havia um impasse: a mãe deveria retornar ao município de origem e recomeçar sua vida onde havia morado anteriormente, mas isso significava voltar para o mesmo ambiente em que havia se envolvido com drogas e álcool. O juiz responsável pelo caso temia que a proximidade com antigos conhecidos a levasse a uma recaída. Paralelamente, havia o desejo — e a necessidade — de retirar as crianças do acolhimento e reintegrá-las à família, pois, estatisticamente, as chances de adoção para quatro irmãos juntos eram praticamente nulas.

Durante os dois anos de internação, essa mãe teve contato com seus filhos por meio de visitas supervisionadas. Apesar de ser analfabeta e de ter sido criada em situação de rua — sua própria mãe vivia em um contexto de extrema vulnerabilidade e nunca lhe proporcionou um lar —, ela desenvolveu um vínculo notável com as crianças. Para registrar esses momentos, criou um diário ilustrado, no qual desenhava os encontros com os filhos. Em um desses desenhos, retratou um dos meninos com o braço engessado, um detalhe que coincidia exatamente com o que havia acontecido na época. Em outro, fez anotações sobre a saúde dos filhos. Esse diário se tornou uma prova sensível e poderosa de que, apesar de todas as dificuldades, ela era, de fato, um ponto de referência na vida deles.

O grande dilema surgiu quando a reabilitação foi concluída. Para onde essa mãe iria? Como poderia reconstruir sua relação com os filhos sem o suporte adequado? O juiz determinou que a equipe técnica buscasse um local no qual a reintegração pudesse ocorrer de maneira gradual e acompanhada.

O retorno ao convívio familiar, porém, trouxe novos desafios. Ao longo do tempo, as crianças acolhidas institucionalmente acabam se acostumando com a estrutura dos abrigos, onde têm alimentação garantida, educação, lazer e assistência contínua. O retorno à casa da mãe significa, muitas vezes, enfrentar dificuldades financeiras, ausência de presentes em datas comemorativas e menos recursos disponíveis. Essas diferenças podem gerar conflitos internos, e algumas crianças chegam a rejeitar a convivência familiar, alegando que a instituição era melhor.

No caso dessa família, o processo de reintegração levou dois anos. Durante esse tempo, a mãe enfrentou dificuldades e chegou a ter duas recaídas no alcoolismo. No entanto, com o apoio contínuo da nossa instituição, dos serviços de assistência e do acompanhamento da equipe técnica, conseguiu superar esses momentos e fortalecer os laços com os filhos.

Hoje, mais de dez anos depois, essa mulher ainda vive com seus filhos, agora adultos. A trajetória não foi isenta de desafios — em determinado momento, um dos adolescentes precisou ser novamente acolhido devido ao envolvimento com drogas e gangues —, mas a estrutura familiar se manteve. Além disso, ela se casou com o pai de pelo menos dois dos filhos, consolidando ainda mais esse núcleo familiar.

Essa história demonstra, de maneira clara, a necessidade de espaços especializados para a preparação e o fortalecimento dos vínculos familiares. Acompanhamento adequado, suporte psicológico e condições estruturais apropriadas fazem toda a diferença para que essas mães possam recomeçar e proporcionar uma vida digna aos seus filhos. No caso dessa família, conseguimos viabilizar uma moradia pelo programa da Cohab, garantindo que, além do acolhimento inicial, houvesse também um projeto de longo prazo para sustentação desse lar.

Se quisermos evitar que crianças cresçam longe das mães, precisamos investir na estruturação dessas mulheres. Separar mães e filhos pode parecer, à primeira vista, uma solução eficiente, mas, no longo prazo, os custos — emocionais e financeiros — são muito maiores. O verdadeiro caminho para a superação está no fortalecimento do vínculo, na paciência do acompanhamento e na criação de oportunidades reais de mudança.

Desde março de 2023 a Casa Jardim tem sido uma casa exclusiva de gestantes e mães adolescentes e seus filhos.

20

A história de uma mãe-anjo — um caminho para a verdade e a liberdade

... conhecerão a verdade, e a verdade os libertará.
João 8.32

Era um dia comum, como tantos outros. Mas aquele domingo em particular trazia algo especialíssimo: risos de crianças brincando em uma cama elástica na casa ao lado. Era uma festa de aniversário, como tantas outras nas quais é celebrada a vida e a alegria da infância. Mas a significância desses risos ganhava outra dimensão para mim, por saber que vinham de um cenário mais do que complexo. Arrisco dizer: o caso familiar mais chocante que cheguei a participar, e foi por isso, que o som de risos trouxe à memória a superação de uma jornada marcada por dor, coragem e resiliência — a história desse "anjo", uma mulher cuja vida foi transformada pela força do amor e pela busca por sua própria dignidade e a de sua família.

Nossa conexão com essa mãe-anjo começou em 2009, quando recebemos uma ligação do Conselho Tutelar solicitando vagas para uma mãe e suas duas filhas pré-adolescentes. A princípio, o caso parecia comum. Quando chegaram, eram uma família de aparência comum: a mãe, de semblante cansado, mas gentil; e duas filhas loiras, tímidas e de falas mansas. Contudo, ao serem atendidas por nossa psicóloga, a profundidade da dificuldade do caso começou a emergir. Após ouvir a história da família, a profissional confidenciou que ficou sem dormir por várias noites, profundamente impactada pelo que havia escutado.

A mãe-anjo havia sido mantida em cárcere privado por mais de 25 anos pelo próprio pai. Durante esse período, foi abusada repetidamente, dando à luz quatro filhos. Dois desses filhos, já adultos, permaneceram com o pai quando ela conseguiu fugir. Sua saída foi facilitada por uma cunhada que a encorajou a buscar ajuda. Ela trabalhava para o pai em condições rigorosas, na construção civil, o que lhe permitia sair de casa durante o dia, embora ainda sob o controle constante do pai.

Foi nesse contexto, enquanto ainda adolescente, com contato com colegas de escola, e perversamente com permissão para ir à missa semanalmente, que ela encontrou acolhimento espiritual e a coragem para questionar as práticas que aconteciam com ela. Até então ela achava que o comportamento do seu pai com ela era a realidade de toda filha. Não conhecendo outra realidade até então, foi de forma gradativa que descobriu que as ações do pai com ela, resultando em gravidez e muito trabalho no cuidado solitário dos bebês e da casa toda, não era algo comum para moças da sua idade.

Assim os anos foram se passando. A rotina de gravidez, nascimento de mais filhos, trabalho doméstico e trabalho externo tornou-se uma constante. Era uma vida dedicada a tentar manter a paz e apaziguar a violência e a ira do pai. Agora a mãe, já maior de idade, não via outra opção e nem cogitava uma saída. Seus filhos precisavam dela e dos seus cuidados, inclusive o filho mais velho, que necessitava de um transplante renal e ela prontamente se ofereceu como doadora. Para sua maior frustração, a cirurgia que prometia uma vida melhor ao filho não foi bem-sucedida. Ele necessitou de outro transplante depois da rejeição do rim da mãe. Anos se passaram e, agora, tendo plena consciência de que sua situação familiar não era saudável, ainda assim acreditava que esse era seu destino na vida. Mais algumas coisas aconteceram para que isso finalmente pudesse mudar.

Um fator decisivo foi o desejo de proteger as filhas, especialmente à medida que a filha mais velha começava a crescer e atrair a atenção do avô. A mãe-anjo temia que a violência e o abuso que ela havia sofrido fossem direcionados às filhas pré-adolescentes. Ela procurou o apoio da sua cunhada, que até então sabia pelo marido apenas que havia "algo errado" em sua família. A cunhada a via como alguém explorada somente na condição de trabalho e na dinâmica de repressão na casa, não questionado os motivos das gravidezes. A cunhada não sabia com convicção se estava ouvindo a verdade, mas ainda assim, no primeiro momento levou a descoberta ao conhecimento do Conselho Tutelar, que não acreditou em sua história. Com alguma insistência as autoridades foram se convencendo. No final foi uma combinação desses elementos — trabalho, acesso à Igreja, suporte da cunhada e o instinto de proteger as filhas — que culminou na decisão de buscar ajuda e romper o ciclo de controle e abuso que havia definido sua vida até então.

Mesmo após a fuga, a mãe-anjo hesitava em buscar justiça, carregando consigo as marcas do controle emocional que o pai exercia sobre ela. A liberdade era um novo território ainda cheio de incertezas e temores, mas sua prioridade permaneceu clara: assegurar um futuro digno para ela e suas filhas.

A luta pela verdade

A mãe-anjo não buscava vingança, nem mesmo o que convencionalmente chamamos de justiça. Para ela o que realmente importava era que sua verdade fosse conhecida e reconhecida, especialmente pelos filhos que haviam permanecido com o pai. Durante décadas ele havia manipulado os filhos com uma narrativa que apresentava a mãe como desajustada e promíscua, justificando seus atos como medidas de proteção.

A mãe-anjo, porém, carregava o fardo de viver sabendo que sua versão da história era ignorada ou desacreditada. Assim, foi-lhe tirado o papel e o respeito de ser mãe.

O primeiro passo nesse caminho foi buscar o apoio da promotoria. Recordo-me vividamente do dia em que a acompanhei ao encontro com a promotora. A mãe-anjo estava visivelmente nervosa, mas determinada. A promotora, uma mulher de expressão séria, ouviu atentamente enquanto ela relatava sua história. Quando terminou, a promotora suspirou, claramente impactada.

— Este é um caso muito complexo, mas precisamos de provas concretas para avançar" — disse ela.

Foi nesse momento que surgiu a possibilidade de realizar um exame de DNA para comprovar a paternidade dos filhos.

A promotora teve um papel crucial nesse processo. Ela conduziu o pai a concordar com o exame de DNA, apelando para sua confiança e explorando sua necessidade de manter o controle.

— Se você está seguro de que não é o pai dessas crianças, este exame vai limpar seu nome — disse ela, calmamente.

Surpreendentemente, ele caiu nas mentiras que ele mesmo havia construído, e aceitou. Agora, bastava colher o sangue do sujeito!

No dia do exame, acompanhei a mãe-anjo e seus filhos ao laboratório. Enquanto esperávamos, as tensões eram palpáveis. A mãe me olhou várias vezes, buscando afirmação e apoio. A enfermeira, ao preencher os formulários, perguntou diretamente à mãe:

— Existe algum parentesco entre os filhos e o suposto pai?

Houve um silêncio desconfortável. A mãe-anjo, visivelmente confusa e ansiosa, hesitou em responder. Ela olhou para mim, buscando uma direção então respirou fundo, como se reunisse toda a coragem que tinha, e respondeu com firmeza:

— Ele é o meu pai.

A reação da enfermeira foi de surpresa. Ela parou por um momento, assimilando a informação, antes de prosseguir com o procedimento. A tensão era maior do que o suportável em situações comuns, mas a mãe-anjo parecia aliviada, como se finalmente estivesse se libertando de uma parte do peso que carregava, e isso me deu muita força para continuar.

Os resultados confirmaram o que já sabíamos: ele era o pai biológico dos quatro filhos. Com 99,9999% de certeza, a ciência corroborava a verdade que a mãe-anjo havia contado. Após a revelação, retornamos à promotoria para receber formalmente os resultados do DNA. A mãe-anjo, acompanhada pela assistente social, estava claramente ansiosa. Os dois filhos adultos, que ainda moravam com o avô, também foram convocados para a reunião, mas entraram separados, recebendo a notícia individualmente. A promotora explicou a cada um deles, com sensibilidade, o resultado do exame e o que ele significava. O impacto foi evidente: ambos ficaram visivelmente abalados, tentando processar a informação que confirmava as alegações da mãe e desmentia toda a história que o avô lhes havia contado ao longo da vida.

Enquanto a mãe-anjo e a assistente social discutiam com a promotora questões relacionadas ao pagamento de pensão para as filhas menores, fiquei com os dois filhos adultos em uma sala reservada. Eles estavam desorientados, lidando não apenas com a verdade sobre sua origem, mas também com a constatação de que o homem em quem confiavam havia mentido e os manipulado emocionalmente por anos. Comecei a conversa reconhecendo o momento difícil pelo qual estavam passando:

— Eu sei que isso é muito para vocês absorverem. É natural que estejam confusos, mas quero que saibam que não precisam enfrentar isso sozinhos.

Um deles, com a voz ainda trêmula, perguntou:

— E agora? O que fazemos?

Respondi com calma:

— Vocês têm uma mãe que está pronta para recebê-los. Ela quer que vocês estejam com ela, em um lugar seguro, onde possam começar a reconstruir essa relação.

Os dois fizeram perguntas práticas sobre o abrigo onde a mãe estava.

— Onde fica? É longe? Como vamos trabalhar?

Um deles mencionou:

— Se eu for morar lá, vou ter que pegar dois ônibus para o meu trabalho. Agora só preciso de um.

A simplicidade das preocupações mostrava como a gravidade da situação ainda não havia sido plenamente assimilada. Mesmo assim, consegui transmitir a importância daquele momento. Expliquei que o abrigo ofereceria não apenas segurança física, mas também um ambiente no qual poderiam reconstruir uma relação verdadeira com a mãe, fundamentada na dignidade e na vivência da verdade.

Por fim, consegui convencê-los a ir morar com a mãe. Foi um passo crucial, tanto para eles quanto para a mãe-anjo, que finalmente viu a possibilidade de reunir sua família e começar a curar as feridas de tantos anos de sofrimento. A promotora, ao saber da decisão, nos apoiou na logística, garantindo que tudo fosse organizado de forma segura.

A visita à casa e a busca pelos pertences

Depois da decisão dos filhos de se reunirem com a mãe-anjo no abrigo, surgiu a necessidade de buscar os pertences deles na casa onde haviam vivido com o avô. Era uma tarefa emocionalmente carregada, tanto para os filhos quanto para a mãe, pois significava retornar ao lugar onde tantas feridas haviam sido abertas.

Chegando à casa já estava tarde e a escuridão parecia combinar com o peso da situação. A mãe-anjo estava conosco, acompanhada pela assistente social. Ao nos aproximarmos, notei que ela se retraía, como se o simples ato de estar naquele espaço trouxesse à tona memórias dolorosas. Entramos pela porta dos fundos, e a visão do local reforçava o controle opressivo que havia sido exercido ali por tantos anos. Correntes ainda estavam fixadas na porta do quarto dela e das meninas, uma lembrança silenciosa do cárcere em que ela e suas filhas viveram.

Os filhos começaram a recolher seus pertences em silêncio. Roupas, livros e objetos pessoais foram colocados em sacolas e caixas, enquanto o ambiente carregava uma tensão quase palpável. A mãe-anjo, por outro lado, permanecia próxima à porta, observando com olhos marejados. Era evidente que cada canto daquela casa guardava lembranças difíceis.

Enquanto ajudamos, a mãe apontou para a cozinha e comentou, quase como se falasse consigo mesma:

— Pedi para ele trocar aquelas cerâmicas por anos. Ele nunca fez. E agora que saímos, acredita que ele trocou?!

Sua voz carregava um misto de ironia e dor. A observação parecia encapsular anos de negligência e controle, como se a simples troca de cerâmicas simbolizasse todo desrespeito pela opinião e desejo dela.

Quando finalmente saímos da casa, o sentimento era de encerramento, mas também de início. Aquele espaço, que por tanto tempo havia simbolizado controle e sofrimento, agora ficaria para trás. Ao carregar os pertences para o carro, senti que estávamos não apenas transportando objetos, mas ajudando a mãe-anjo e seus filhos a levar consigo as partes de suas vidas que ainda tinham valor, enquanto abandonavam aquilo que não lhes servia mais. Era como se ela estivesse colocando um ponto final em uma longa e dolorosa fase de sua vida, pronta para começar um novo capítulo ao lado dos filhos.

Restava agora o reencontro com as duas filhas no acolhimento. Os quatro irmãos juntos com sua mãe novamente, mas agora sob a luz da verdade e a possibilidade de se restabelecer no apoio uns aos outros. A vontade da mãe sendo feita, pela primeira vez em muito tempo.

A entrega da decisão judicial

Anos depois de iniciado o processo encaminhado às Varas Criminais pela promotora, a mãe-anjo recebeu em sua casa a sentença final. O oficial de justiça entregou o documento que informava que o processo contra o pai havia sido arquivado devido à prescrição dos crimes. O texto da sentença listava as inúmeras violações que foram comprovadas durante a investigação: abuso sexual, violência física, cárcere privado e manipulação psicológica. Apesar da gravidade dos crimes, o sistema jurídico concluía que, devido ao longo tempo transcorrido desde os eventos e à idade avançada do acusado, as penalidades não poderiam mais ser aplicadas. A pena inicialmente sugerida de 20 anos de reclusão foi reduzida, e o caso foi considerado prescrito, encerrando formalmente a possibilidade de punição.

Ela estava sozinha quando leu aquelas palavras e o impacto foi devastador. Depois de tudo o que havia enfrentado e da luta para provar sua verdade, o arquivamento soava como uma negação de sua dor e um sinal de que, para a justiça dos homens, o sofrimento vivido não era suficiente para merecer reparação.

Por providência divina, naquele mesmo dia a psicóloga de nossa instituição decidiu visitá-la sem aviso prévio. Ao chegar, encontrou a mãe-anjo profundamente abalada, em um estado de desespero e angústia que consumia toda a esperança que ela ainda tinha. A sentença parecia ter retirado não apenas sua força, mas também o significado de toda a luta enfrentada até então.

Durante o processo, ela havia sido obrigada a reviver inúmeras vezes seu sofrimento, relatando os abusos em detalhes, muitas vezes sob juramento, perante homens que, insensíveis à gravidade de sua dor, questionavam repetidamente se ela havia consentido ou até mesmo se teria "gostado". Cada audiência e cada interrogatório eram uma reabertura das feridas do passado, um exercício exaustivo de defesa de sua dignidade. Saber que, após tudo isso, o caso havia sido arquivado, fez com que ela se sentisse com a sensação de que todo o esforço tinha sido em vão.

Escolhas e reconstrução

Apesar das injustiças, a mãe-anjo tomou a decisão de não prosseguir com ações cíveis contra o pai.

— Eu consegui o que queria — disse ela certa vez. — Provei que não estava mentindo. Minha dignidade está intacta.

Sua prioridade migrou para garantir que os filhos tivessem acesso ao inventário do pai quando ele falecesse.

— O que quer que ele tenha, é para eles.

Essa postura refletia novamente a pureza de uma mulher que, mesmo após tanto sofrimento, recusava-se a nutrir vingança. Em suas palavras:

— Ele é meu pai, e eu não desejo mal a ninguém, nem a ele.

Hoje ela vive em uma casa simples, sustentada por seu trabalho, pela filha e pelo filho solteiros que moram com ela. Apesar dos desafios, ela reconstruiu sua vida com coragem e determinação. Um filho, assim como a outra filha, agora adultos, também traçam seus próprios caminhos.

Quando penso na cena das crianças brincando na cama elástica naquele domingo de primavera, vejo o impacto dessa história. A próxima geração está livre dos segredos e estigmas do passado, pronta para viver com liberdade e alegria. Isso é inestimável — embora tenha custado muito.

Reflexões finais

A história dessa mãe-anjo é um testemunho de resiliência e fé. É também um reflexo das falhas do sistema de justiça, que muitas vezes não consegue proteger os mais vulneráveis. Mas, acima de tudo, é uma lembrança poderosa de que dignidade, verdade e liberdade são inegociáveis. Não há sentença, reparação financeira ou punição que substitua o direito de viver com integridade e paz.

Ela nos ensinou e sua vida se tornou um marco na nossa história, mostrando que a verdadeira força não está na vingança, mas na capacidade de seguir em frente, mesmo diante de adversidades inimagináveis. Sua história é uma lição para todos nós, especialmente para quem trabalha há muito tempo com casos familiares doloridos: a liberdade e a verdade são os maiores presentes que podemos oferecer às futuras gerações, e vale a pena lutar por essa liberdade com tudo que temos.

21

O *burnout* e um novo pastor para a igreja

Deus escolhe os improváveis, fortalece os fracos
e encontra os esquecidos para realizar Sua obra.[24]
G. K. Chesterton

Conforme os anos foram passando, os desafios de liderar o projeto social e a igreja, passaram a afetar minha saúde emocional e vida familiar. A intensidade das demandas emocionais e práticas do trabalho pastoral e comunitário me levou ao limite físico e psicológico, resultando em um *burnout* que consumia todas as minhas energias. A complexidade das histórias que acompanhamos, como vimos no capítulo anterior, era esmagadora, e muitas delas me afetaram profundamente.

Especificamente, o desafio de pastorear uma igreja local e dirigir um projeto social pode ser ilustrado através de um caso não exatamente típico de todas, mas altamente representativo

24 CHESTERTON, G. K. *Heretics*. (Londres/UK: John Lane, The Bodley Head, 1905.)

dessas pressões. Recebemos em nossa instituição uma adolescente que havia cometido três assassinatos antes dos seus quinze anos, para cumprir as "regras do tráfico". Filha de um traficante, ela havia assumido o controle do ponto de venda de drogas depois que o pai foi preso. Desde muito jovem, foi ensinada a obedecer às rígidas normas do tráfico: ao lidar com uma dívida, a pessoa era avisada três vezes e, se continuasse inadimplente, deveria ser morta. Esses atos, embora brutais, eram executados com base em uma lógica aprendida e naturalizada dentro daquele contexto de violência, sem que a adolescente compreendesse plenamente a gravidade do que fazia.

Quando ela foi encaminhada à nossa instituição pela justiça, estava grávida. O processo de recebê-la foi especialmente difícil. Meus pais estavam em casa nos visitando quando recebemos o ofício judicial informando que a adolescente deveria ser acolhida. Minha mãe, incrédula, perguntou:

— Você tem certeza de que isso é uma boa ideia?

Respondi com franqueza:

— Não temos escolha, mãe. É uma ordem judicial. Se recusarmos, podemos até mesmo ser responsabilizados legalmente!

O impacto emocional desse acolhimento foi profundo, e exigiu muito da equipe de cuidadoras e profissionais. Havia receio, até medo. Como impor limites ou corrigir alguém que já tirou a vida dos outros. As outras famílias do acolhimento também expressaram muita resistência à permanência da adolescente dentro da mesma casa, o que era totalmente compreensível.

Certo domingo, em um culto, ela veio até mim após o sermão segurando seu bebê recém-nascido nos braços. Ela estava esgotada pela privação de sono e, chorando, pediu:

— Pastor, ore por ele. Ele não para de chorar, e eu não sei mais o que fazer.

Naquele momento, eu sabia de todo o histórico dela, mas enxergava na minha frente uma jovem mãe que, apesar de tudo, buscava conforto e orientação espiritual.

Com cuidado, iniciei uma conversa. Perguntei:

— Você está cansada porque ele chora sem parar, não é? Isso incomoda, isso dói. Você sente o quanto ele é precioso para você. Mas, sabe, aqueles homens cuja vida você tirou também eram filhos de alguém. Eles tinham mães que os amavam assim como você ama o seu filho.

Falei com delicadeza, mas com firmeza, sobre a importância da vida e do perdão. Pedi que ela orasse comigo, pedindo perdão pelos atos passados e se comprometendo a nunca mais tirar a vida de alguém.

A oração foi emocionante e certamente impactante, mas também muito complexa. Não é um desafio qualquer acreditar que Deus possa perdoar de forma tão simples. Parece barato até! Mas quais são as opções que se apresentam mais profundas ou mais filosoficamente corretas? Temos a promessa, pela fé, de que o sangue de Jesus pagou o preço do pecado do mundo e que não há pecado que ele não possa redimir. Há perdão acessível para todos. Nestes momentos parece que sou transportado até os tempos Bíblicos quando Cristo falou diretamente às pessoas condenadas à morte: ... *vá e não peque mais* (Jo 8.11). Tem que ter muita fé para acreditar nesse milagre!

Esse caso trouxe à tona o peso que eu carregava ao lidar com situações tão extremas, muitas vezes sem poder compartilhar nada com a igreja. A congregação, focada em demandas legítimas, como visitas e aconselhamentos para questões familiares, desconhecia os desafios que enfrentávamos no projeto social. Não havia espaço para trazer à tona histórias como a dessa jovem, tanto por questões éticas quanto pela falta de compreensão sobre a gravidade dessas experiências. Essa separação entre as demandas da igreja e a realidade do projeto social começou a me consumir, evidenciando um conflito que só aumentava com o tempo.

Esse episódio simboliza o fardo que eu carregava: o de tentar reconciliar conflitos e tragédias que estavam fora do meu controle, enquanto a igreja, que deveria ser um lugar de renovação e refúgio, havia deixado de ser um espaço saudável para mim e para minha própria família. Como pastor, eu era constantemente sobrecarregado por demandas ministeriais, enquanto minha esposa e filhos sentiam a pressão de viver sob as expectativas de serem "a família do pastor". A dinâmica familiar começou a se deteriorar, e percebi que, enquanto eu dedicava todo o meu tempo e energia para cuidar das pessoas da igreja e do projeto social, minha própria família estava sofrendo.

Foi nesse momento que tomamos a decisão difícil, mas necessária, de renunciar à liderança da igreja. Não foi uma decisão fácil após dezessete anos, e sabíamos que a escolha de um novo líder também seria desafiadora — mas não havia como continuar daquele jeito. Iniciamos o processo de transição, enquanto frequentávamos como família um culto em inglês de outra igreja da cidade. Um lugar no qual poderíamos nos sentir acolhidos como membros comuns, sem o peso das responsabilidades e expectativas que carregávamos na nossa comunidade. Essa mudança foi essencial para restaurar nossa saúde emocional e espiritual como família.

Olhando para trás, vejo o quanto foi importante priorizar minha família naquele momento, mesmo que isso significasse fazer escolhas difíceis.

Pode vir algo bom do Cajuru? A preparação de uma nova liderança na Igreja

A frase: — *De Nazaré pode sair alguma coisa boa?* foi dita por Natanael no Evangelho de João 1.46. Essa fala ocorreu quando Filipe encontrou Natanael e lhe disse que havia encontrado o

Messias, Jesus de Nazaré. Natanael, demonstrando ceticismo, questionou se algo de valor poderia vir de Nazaré, uma cidade pouco expressiva na época.

Usando esse mesmo conceito, o Cajuru é um bairro "pouco expressivo" de Curitiba, e conhecido pelos altos índices de violência, risco social e pobreza.

E foi no coração dessa comunidade marcada pela pobreza e pelas adversidades que nasceu uma história de superação. Leandro e sua família viviam no Beco, uma área conhecida não apenas pelas dificuldades econômicas, mas também pelas complexidades sociais que desafiavam até os mais resilientes.

A mãe de Leandro, em busca de alívio e esperança, frequentava igrejas que prometiam milagres rápidos e soluções fáceis. Certo dia, ela participou de um culto em que a promessa era clara: com uma doação de R$ 150,00 ela receberia um trompete de plástico — um "shofar sagrado" — para tocar em casa a fim de eliminar os espíritos malignos e trazer a bênção divina para sua família.

Quando foi à frente da igreja com o marido, cada um tinha um caso que necessitava de uma solução e, impelidos pela fé e necessidade, decidiram comprar um trompete cada um. Colocando o dinheiro em um só envelope para dois trompetes. Ao chegarem ao altar, foram humilhados pelo pastor, que afirmou:

— Um envelope, um trompete!

Eles ficaram extremamente abalados e perceberam pela decepção que embora esses objetos fossem vendidos como ferramentas espirituais, era evidente que se tratava de uma exploração da fé e da sua vulnerabilidade.

Foi logo após isso que ela entrou em contato com a nossa comunidade e, de forma diferente, encontrou apoio genuíno, ainda que modesto, e começou forjar amizades e conexões que iriam permanecer por muitos anos.

Inicialmente, a recepção da nossa ajuda foi cercada de desconfiança. A comunidade do Beco, acostumada a promessas vazias de políticos e líderes religiosos, olhava com ceticismo para a nossa presença. Leandro e seus irmãos, extremamente inteligentes e observadores, compartilhavam dessa desconfiança. "Ele só pode estar aqui para tirar proveito de nós", pensavam da minha pessoa.

Com o tempo, porém, esse vínculo foi se transformando, e Leandro começou a se abrir para novas possibilidades.

O menino em busca de apoio

Na época de aproximação da família, Leandro foi enviado por sua mãe para buscar uma doação de sabão em pó na igreja. A mãe, em uma tentativa de atender às necessidades básicas da família, pediu que ele fosse até a igreja, onde havia ouvido falar que doações estavam sendo distribuídas.

Leandro chegou à igreja com passos hesitantes, segurando uma caixinha de sapato para levar o sabão. Ao entrar, foi recebido por Nilcelene, mãe social da Casa de Acolhimento que ficava no terreno atrás da igreja. Ela me procurou e explicou:

— Pastor, o Leandro veio buscar sabão em pó. A família está precisando. Podemos ajudá-los?

Confesso que nem me lembro do acontecimento, mas a "lenda" que se formou ao redor desse momento conta que olhei para Leandro e disse:

— Sabão você vai levar, mas me diga: E comida? Vocês têm comida em casa?

Leandro, surpreendido pela pergunta, hesitou antes de responder que, na verdade, a situação alimentar da família também era crítica. Entregamos não apenas o sabão, mas também uma cesta básica com alimentos suficientes para alguns dias.

Enquanto ele carregava os itens, uma pequena fagulha de confiança começava a se formar.

Quem poderia imaginar que aquele menino, com uma caixinha de sapato nas mãos, se tornaria uma das maiores surpresas de transformação deste mesmo lugar?

A transição da liderança: um novo capítulo para a igreja e a comunidade

Minha saída como pastor foi um ponto de transição tanto para mim quanto para a igreja. De um lado, senti a liberdade de investir mais profundamente na convivência comunitária e nos projetos sociais, áreas nas quais eu acreditava que minha atuação teria maior impacto. Por outro lado, a igreja encontrou novos líderes que carregavam em si a essência do trabalho no qual eu cria: servir ao próximo com integridade e amor.

Nesse contexto, o pastor Isael assumiu a liderança da igreja. Ele era o mesmo pastor que me acompanhara por muitos anos e que fizera "aquela visita" à cadeira em Palmeiras, já relatada anteriormente. Vindo do Rio de Janeiro, com sua experiência ministerial e o apoio inestimável de sua esposa, que trabalhava no banco HSBC, Isael trouxe uma abordagem de renovação e reconciliação para a igreja. Durante dois anos ele a liderou com sabedoria e equilíbrio, ao mesmo tempo em que estabelecia um vínculo mais equilibrado entre a congregação da igreja e o trabalho do projeto social.

Adicionalmente, o pastor Isael decidiu investir em outras lideranças e especificamente lideranças da própria comunidade. Ele viu em Leandro e em seu irmão um grande potencial para a liderança. Começou a discipulá-los, investindo tempo em sua formação espiritual e prática ministerial. Leandro, em particular, destacava-se por sua capacidade intelectual notável e sua curiosidade insaciável.

— Este menino é um gênio — Isael costumava dizer. Via nele não apenas um futuro líder, mas alguém capaz de trazer uma visão nova e inclusiva para a igreja.

Em 2017, quando o Pr. Isael e sua família se mudaram para Osasco, Leandro assumiu a responsabilidade de conduzir a igreja local, inicialmente como obreiro. Essa transição foi marcada por um período de adaptação, mas também por um espírito de grande renovação e crescimento. No ano seguinte, Leandro foi ordenado pastor, assumindo de forma plena a liderança da igreja — não apenas como função, mas como missão.

A caminhada de fé e transformação

Leandro não apenas aceitou a responsabilidade com humildade, mas também trouxe uma abordagem de liderança marcada pela compaixão e pelo compromisso com a comunidade. Ele acreditava que a igreja deveria ser um espaço de inclusão, onde todos, especialmente as mulheres e crianças dos nossos projetos sociais e casas de acolhimento, fossem tratados com dignidade.

— Elas devem ter a melhor experiência de igreja possível — dizia ele.

Apesar dos desafios logísticos e da convivência complexa entre a igreja e a associação — uma exigindo portas abertas, enquanto a outra exige segurança e restrições — Leandro conseguiu construir uma comunidade acolhedora. Destacou-se por sua habilidade de integrar esses dois mundos, fortalecendo os vínculos entre a vida da congregação e a missão social.

Hoje, Leandro não apenas é um líder espiritual, mas também um empresário bem-sucedido. Ele fundou uma empresa de renovação e automação de sistemas de elevadores, que atende uma grande empresa multinacional. Mesmo com esse sucesso, nunca perdeu a conexão com suas raízes na comunidade.

Sua liderança nos últimos sete anos tem sido marcada por sabedoria, amor e um profundo senso de gratidão pela transformação que experimentou em sua própria vida. Tenho a profunda alegria de congregar com minha esposa, Iara (sim, agora os filhos cresceram e seguem suas próprias trajetórias!), sob a liderança dele — como cooperadores. Que privilégio!

Reflexões pessoais

Olho para a jornada de Leandro e não posso deixar de refletir sobre a extraordinária transformação que Deus operou em sua vida. O mesmo menino que um dia entrou tímido na igreja, carregando uma caixinha de sapato para buscar uma doação de sabão em pó, hoje é uma referência não apenas para a igreja, mas para toda a comunidade. É um testemunho vivo do que significa acolher e ser acolhido — e de como uma vida pode ser radicalmente transformada quando há oportunidade, apoio e fé.

Essa história não é apenas sobre Leandro. É também um lembrete de que, em cada gesto de compaixão e acolhimento, há potencial para uma mudança profunda e duradoura. Ver Leandro hoje, liderando com sabedoria, integridade e amor, é uma evidência clara de que o trabalho que iniciamos não foi em vão. Mais do que isso: é a certeza de que Deus caminha conosco em cada etapa, transformando dores em bênçãos e reconstruindo vidas com propósitos eternos.

Pr Leandro, sua esposa e seu filho na festa de aniversário de um ano.

22

A Beleza Escondida: levantar e tomar pela mão

Ponha-se em pé, levante o menino e segure-o pela mão, porque eu farei dele um grande povo.
Gênesis 21.18

O Brasil é um enigma. Conhecido mundialmente como o país da alegria e da hospitalidade, também carrega o peso de ser uma das nações mais violentas do mundo. Essa dualidade é evidente nas ruas, nos becos e nas comunidades que conhecemos tão bem. Nosso trabalho ao longo dos anos em Curitiba, mesmo sendo considerada uma cidade relativamente pacífica, nos expôs às mais brutais formas de violência, mas ao mesmo tempo também às mais profundas manifestações de resiliência e fé.

Os altos índices de violência que vivenciamos não são apenas números: são histórias de pessoas que perderam suas vidas e de famílias que carregam cicatrizes emocionais e físicas. Duas dessas histórias ainda ecoam em minha memória: Jonathan, de 18 anos, um ex-aluno do nosso Centro Comunitário Cajuru, e Kepler, de apenas 16 anos, que era noivo de uma jovem que também frequentava nosso Centro por alguns anos. Ambos perderam suas vidas durante operações policiais. Não houve negociação nem tentativas de rendição. Foram abatidos como tantas outras vítimas de políticas de segurança que perpetuam ciclos de violência.

Essas mortes, ocorridas em meio à pandemia de 2020 e 2021, foram um golpe devastador para suas famílias e para toda a nossa comunidade. Em cultos fúnebres marcados por lágrimas e reflexões, buscamos consolo e forças para continuar.

No velório na casa da mãe de Jonathan, o ambiente era de profunda dor e incredulidade. Entre os presentes estava a prima de Jonathan, noiva de Kepler, que havia recebido dele uma aliança poucos dias antes de sua morte. Com apenas 14 anos, a jovem, ainda uma criança em muitos sentidos, encontrava-se na posição de "viúva", um papel que parecia tão incompatível com sua idade quanto brutal diante da sua realidade. O choque de me deparar com uma menina vivendo uma dor tão profunda, com sua infância roubada, foi imenso. Ela segurava a aliança enquanto chorava intensamente, abalada pela perda repentina do noivo.

As mulheres da casa se consolavam mutuamente, em um esforço coletivo para lidar com a tragédia que parecia insuportável. As palavras de apoio entre elas eram sussurradas, enquanto lágrimas silenciosas rolavam de seus rostos. A jovem noiva, ainda tão nova, simbolizava a fragilidade e a injustiça do momento, incapaz de encontrar alívio diante de tamanha perda.

Enquanto isso, os homens da casa circulavam em silêncio, sua revolta evidente no semblante. Eles evitavam se juntar às mulheres, mas o peso da violência perpetrada pelo poder público os marcava profundamente. Havia um sentimento generalizado de injustiça e impotência, especialmente ao perceber que a violência que tirara as vidas de Jonathan e Kepler não era uma exceção, mas parte de uma realidade recorrente para jovens em comunidades vulneráveis.

Em conversas discretas, alguns mencionavam a propagação da violência como algo incontrolável. A terrível percepção de "os bandidos se multiplicam como ratos" era ecoada, não como uma crítica aos jovens envolvidos, mas como uma constatação dolorosa de que a revolta gerada por essas mortes frequentemente semeia vingança e perpetua o ciclo de destruição.

Entre os homens, havia uma sensação de que tudo estava perdido. Muitos, desiludidos pela injustiça, acabam buscando no tráfico e na violência uma resposta — não porque acreditam nessa escolha, mas porque lhes parece a única opção restante. Esse ciclo, tão difícil de romper, reflete não apenas a fragilidade das estruturas sociais, mas a desesperança que se alastra como um veneno na comunidade.

A pandemia de 2020 e 2021

A pandemia de 2020 e 2021 intensificou ainda mais os desafios. O isolamento social e as dificuldades financeiras ampliaram os casos de violência doméstica, criando uma demanda iminente por vagas de acolhimento e suporte para mulheres em situação de risco, e tudo isso em meio a uma pandemia. Era uma pandemia dentro da pandemia. Nosso projeto, que sempre opera com recursos públicos abaixo do ideal, viu-se no epicentro de uma crise sem precedentes. Em meio a restrições sanitárias, buscamos formas de manter o atendimento às mulheres e seus filhos, garantindo segurança e dignidade.

O trabalho envolvia coordenação com o município, assistência jurídica e psicossocial e, muitas vezes, apoio emergencial para que essas famílias vítimas de violência tivessem o mínimo necessário. Esse esforço tornava-se ainda mais desafiador, especialmente quando surgiram dificuldades para garantir vacinas aos funcionários e funcionárias que estavam na linha de frente.

Minha angústia nesse período foi imensa. As educadoras sociais que atuavam na casa alugada para atender especificamente famílias vulneráveis e possivelmente infectadas pela Covid, eram em sua maioria mulheres com uma certa idade e expostas diariamente a um risco constante.

Apesar de serem essenciais ao trabalho e enfrentarem perigos significativos, o setor de assistência social em nosso município não foi priorizado no recebimento das vacinas. A cada semana de espera, temia perder alguma dessas mulheres que estavam na linha de frente, carregando o peso do acolhimento e proteção de tantas famílias. Foi uma espera terrível, marcada pela sensação de impotência diante de um sistema que parecia não reconhecer a urgência da situação.

Esse contraste entre o sacrifício diário dessas profissionais e a negligência no acesso à proteção básica foi um dos momentos mais difíceis que vivi ao longo da pandemia.

Ao mesmo tempo, eu vivia um esgotamento físico e emocional. A intensidade das demandas do trabalho, combinada com a perda de pessoas que conhecíamos e a sensação de impotência diante de tantas tragédias, levou-me ao limite.

A morte de Jonathan e Kepler foi um marco desse período. Sentia-me incapaz de oferecer às suas famílias o consolo e a orientação espiritual que elas precisavam. Cada perda parecia um reflexo do fracasso coletivo em proteger os jovens mais vulneráveis da nossa sociedade.

Encontro com Deus e Beleza Escondida: respostas à violência

Tem sido em meio a essas realidades nestes vinte e cinco anos que a Associação *Encontro com Deus* (@associacaoecd) e posteriormente a Beleza Escondida (@belezaescondidaoficial) ganharam forma e relevância, inspiradas pelo compromisso de romper com as estruturas que perpetuam a exclusão e a violência.

A Associação Beneficente Encontro com Deus, com suas casas de acolhimento, tem sido um espaço de proteção para mulheres e seus filhos, oferecendo não apenas segurança física, mas também a chance de reconstruírem suas vidas com dignidade. Muitas dessas mulheres, chegaram até nós no auge do desespero, sem esperança e sem recursos, mas encontraram apoio e orientação para recomeçar.

A Beleza Escondida, por sua vez, surgiu como uma extensão desse trabalho. Em parceria com o Ministério Público do Trabalho e empresas parceiras, criamos um programa para reintegrar mulheres e jovens ao mercado de trabalho, oferecendo a elas uma oportunidade de reescrever suas histórias.

Mais do que preparar as pessoas acolhidas, o projeto também treina e apoia as empresas a receberem essas pessoas, ajudando-as a superar o estigma associado aos seus passados. Essa reintegração não é apenas uma solução prática, mas um ato de fé no potencial humano de transformação.

Agar e Ismael: uma lição para hoje

Ao refletir sobre tudo isso, volto a um relato bíblico que tem sido fundamental em nossas discussões, e de significado profundo: a história de Agar e Ismael, a escrava de Sara e Abraão relatada no livro de Gênesis, no Antigo Testamento.

Agar passou por duas expulsões semelhantes aos desafios enfrentados por tantas mulheres em situações de rejeição e desamparo. A primeira ocorreu enquanto estava grávida de Ismael, após um conflito com Sara, sua senhora e uma pessoa de posição social elevada. Sentindo-se desprezada e oprimida, fugiu para o deserto. Ali, um anjo a encontrou junto a uma fonte de água e lhe deu uma mensagem de esperança, prometendo que o filho em seu ventre seria pai de uma numerosa descendência (Gn 16.10-11). No entanto, a profecia sobre Ismael também carregava um alerta: ele seria *como um jumento selvagem; a sua mão* [seria] *contra todos, e a mão de todos* [seria] *contra ele* (Gn 16.12). A violência que ele viria a representar não surgiu do nada; foi a consequência direta de ser o filho rejeitado de uma mãe rejeitada, um ciclo de dor que começou no seio de sua própria família. A ausência de acolhimento e a dureza com que foram tratados moldaram Ismael em alguém que lutaria contra o mundo que o havia desprezado.

A segunda expulsão, ainda mais dolorosa, aconteceu anos depois, quando Isaque, o "filho da aliança", nasceu. Ismael, agora adolescente, "zombava" (Gn 21.9) e foi percebido como uma ameaça ao lugar de Isaque na família. Assim, Sara insistiu que Agar e seu filho fossem expulsos. (Há estudos rabínicos, entre eles o Midrash Rabbah, que relatam que a ameaça de Ismael a Isaque poderia ter sido até um abuso sexual do irmão mais velho ao mais novo. Independentemente de isso ter sido ou não o caso do relato de Gênesis, é algo muito mais comum do que gostaríamos de admitir como sociedade. Podemos ver que, apesar desse relato, a "culpa" era de Ismael, mas ele não deixa de ser vítima das consequências de toda a violência que veio anteriormente a isso). Dessa vez, Agar foi enviada ao deserto sem nada, além de um odre de água e um pedaço de pão. Quando os recursos acabaram e a vida de Ismael estava por um fio, Agar, sua mãe, chorou amargamente, incapaz de suportar ver o filho morrer. Foi nesse momento de completo desespero que Deus interveio novamente com uma ordem clara: *Ponha-se em pé, levante o menino e segure-o pela mão, porque eu farei dele um grande povo* (Gn 21.18).

Deus não apenas proveu um poço de água para Agar e Ismael; ele os guiou a um novo propósito. Assim como Agar foi chamada a levantar o menino e segurá-lo pela mão, somos chamados como sociedade, igreja e organizações civis a ajudar outras mães a fazerem o mesmo.

Não podemos ignorar as "Agares" do nosso tempo — mulheres sofridas, excluídas, e vistas como inadequadas, mas com uma força interior que pode ser ressignificada. Igualmente não podemos desistir dos "Ismaéis" — jovens muitas vezes revoltados e perdidos, mas que, com apoio e direção, podem se tornar uma "grande nação" que almejamos.

A beleza de levantar e sustentar

O trabalho realizado ao longo dos anos é uma evidência de que, mesmo em meio à violência, existe uma beleza escondida, aguardando ser revelada. Nossa missão não é apenas proteger, mas também exercitar nossa fé, acreditar no potencial de cada um, levantá-los e sustentá-los pela mão. É olhar para o menino — o jovem rebelde, o filho rejeitado, a filha esquecida — e vê-lo pelo que pode vir a ser, e não pelo que foi ou por como a sociedade o define.

Concluo este livro com uma convocação: que possamos seguir o exemplo de Deus com Agar, comprometendo-nos a levantar aqueles que caíram e sustentá-los pela mão. Pois é nesse ato de levantar e sustentar que encontramos a verdadeira essência de uma "grande nação".

Equipe da Casa Emergencial de Atendimento a Mulheres
e seus filhos durante a Pandemia de Covid.
A casa atendeu mais de 250 pessoas em 2020/21.

Durante a pandemia, Pr. Diogo Caetano da Igreja Encontro com Deus distribuiu 17 toneladas de alimento para mais de 500 famílias cadastradas. https://www.grupoecd.org/centro-comunitário-cajuru

Diretoria da Encontro com Deus.

Família do Patrick.

Conclusão

Ao olhar para trás e ver tudo o que foi construído ao longo dos últimos 25 anos, me dou conta de que essa jornada foi muito maior do que qualquer plano que eu pudesse ter traçado. Quando comecei esse trabalho, nunca imaginei a dimensão do impacto que ele teria, não apenas na vida das pessoas acolhidas, mas também na minha própria vida.

Este livro é uma tentativa de capturar parte dessa história — não apenas como um registro do que foi feito, mas como um testemunho do que é possível quando se escolhe amar, proteger e acreditar no potencial de cada ser humano. O que começou como um pequeno esforço para ajudar algumas famílias acabou se tornando um modelo de acolhimento e convivência familiar que tem inspirado pessoas em diversas partes do país e do mundo.

Ao longo destas páginas, compartilhei histórias de luta e superação, de desafios e conquistas, mas também de fragilidade e limites. Não há como trabalhar com vidas humanas sem sentir o peso da responsabilidade, sem carregar o impacto de cada caso que passou por nossas portas. Muitas vezes, fui chamado a ser mais do que um gestor ou um orientador — tornei-me uma referência, com a responsabilidade jurídica, liderança e, para alguns, até mesmo uma figura de segurança e proteção. Essa é uma das maiores honras da minha vida, mas também um dos maiores desafios.

Ao longo dessa caminhada, tive o imenso privilégio de conhecer pessoas que passaram por sofrimentos inimagináveis — perdas, abusos, rejeições, injustiças. Histórias que, humanamente, poderiam justificar a amargura ou a desistência. Mas, ao contrário, essas pessoas revelaram algo que nunca esquecerei: uma profundidade de caráter e sensibilidade que ultrapassa qualquer conhecimento formal. O livro de Oprah Winfrey e Dr. Bruce Perry descreve isso como a *Síndrome da Sabedoria Pós-Trauma* — uma espécie de maturidade rara, nascida não apesar da dor, mas *através* dela.[25] São pessoas marcadas, sim, mas marcadas por uma graça que refina e revela a beleza em meio às ruínas. Em muitas delas, reconheci traços da figura bíblica feminina da Sabedoria (Pv 8.1-3)[26] — uma sabedoria doce, firme, silenciosa, generosa. Essas vidas me ensinaram que o sofrimento, quando atravessado com fé e em um ambiente de proteção e acolhimento sensível, pode gerar um tipo de sabedoria que não apenas orienta, mas cura, transforma e inspira.

No entanto, talvez o aprendizado mais profundo que essa jornada tenha me trazido é que todo trabalho precisa ser estruturado de maneira que possa continuar crescendo e se consolidando sem depender de uma única pessoa. Há muito tempo, esse projeto deixou de ser sustentado apenas por minha liderança e passou a ser conduzido por dezenas de pessoas ao longo dos anos — funcionários, voluntários, líderes comunitários, profissionais da assistência social, psicólogas, pedagogos, gestores públicos e acadêmicos que contribuíram para o desenvolvimento de metodologias, publicações e práticas que hoje fazem parte da base desse trabalho. A liderança da igreja e das organizações envolvidas também foi renovada, trazendo novas perspectivas e ga-

25 WINFREY, Oprah; PERRY, Bruce D. *O que aconteceu com você? – Uma visão sobre trauma, resiliência e cura.* (Rio de Janeiro/RJ: Sextante, 2022.)

26 *Por acaso, não clama a Sabedoria? E o Entendimento não faz ouvir a sua voz? A Sabedoria se coloca no topo dos lugares elevados, junto ao caminho, nas encruzilhadas das veredas. Junto aos portões, à entrada da cidade, à entrada dos portões ela está gritando...*

rantindo que o impacto continue sendo ampliado. Ainda assim, consolidar essa estrutura e garantir sua continuidade segue sendo um alvo constante — uma missão que, como qualquer grande projeto, sempre exigirá cuidado e preparo para que novas lideranças assumam e fortaleçam esse legado.

Ao concluir este livro, me sinto grato. Grato a Deus, que me guiou em cada etapa desse caminho. Grato à minha família. Grato a cada amigo, colaborador e parceiro que acreditou nessa missão e dedicou seu tempo e energia para torná-la realidade. Grato a cada família, cada mulher, cada criança e cada jovem que cruzou nosso caminho e nos ensinou que a resiliência e a esperança podem florescer até nos cenários mais improváveis e com tão poucos recursos.

No fundo, tudo o que faço nasce de um desejo simples, mas profundo: que cada bebê, criança, adolescente, jovem homem ou mulher que cruza nosso caminho possa experimentar, ao menos em parte, o amor maternal que eu mesmo recebi quando criança. Esse amor — firme, constante, terno e incondicional — marcou minha vida de uma forma tão poderosa que, ao longo dos anos, tornou-se o referencial do cuidado que tento replicar em tudo o que construímos. Não acredito que haja método, política pública ou intervenção técnica que possa substituir o efeito transformador de um amor assim. E se, por meio das casas, dos serviços, das relações e da fé que sustentamos, alguém puder sentir um fragmento desse amor, então tudo já terá valido a pena.

Para aqueles que desejam se aprofundar mais nessa jornada ou contribuir de alguma forma, incluí nos anexos informações detalhadas sobre a Associação Beneficente Encontro com Deus, Beleza Escondida, RENAS, o Movimento Nacional Pró Convivência Familiar e Comunitária e FICE International. Através desses materiais e das redes sociais, é possível acompanhar novidades, eventos e ações contínuas que fazem parte desse compromisso com a proteção e o fortalecimento das famílias.

Por fim, se este livro for capaz de inspirar mais pessoas a se envolverem, a olharem para aqueles que precisam de acolhimento e a acreditarem que o perdão, a reconstrução e a dignidade são possíveis, então ele já terá cumprido seu propósito.

O futuro não está nas mãos de um único indivíduo, mas, juntos, podemos garantir que a convivência familiar, o direito ao amor e à proteção continuem sendo valores pelos quais vale a pena lutar.

DO PALCO PARA A PRISÃO

A INCRÍVEL JORNADA DE UMA MULHER INGLESA DO MUNDO DO TEATRO PARA AS RUAS, FAVELAS E PRISÕES DE SÃO PAULO

CALLY MAGALHÃES

"Este livro inspirador é uma constante viagem das trevas para a luz: capacitada com um profundo conhecimento sobre teatro, atuação e dramatização, além de uma fé robusta, Cally tem levado esperança e perspectiva às pessoas perdidas, desesperadas e rejeitadas. Como os dois discípulos no caminho de Emaús, ela fala sobre situações chocantes e sobre Jesus, agindo em seu nome para alcançar a vida daqueles que aparentemente estão além do alcance da humanidade." - Kenneth Pickering, hon. professor de teatro, faculdade de Kent, e cofundador do Instituto das artes em terapia e educação, Londres (The Institute for Arts in Therapy and Education, London).

Cally Magalhães é cofundadora e diretora da Associação Águia em São Paulo, que trabalha com jovens infratores e presidiários adultos. Nascida em Harpenden, Inglaterra, ela se formou bailarina e depois se tornou atriz profissional e professora de teatro. Mudou-se para São Paulo em 1999 para trabalhar com crianças de rua e desenvolveu um trabalho pioneiro utilizando o psicodrama e as teorias da Justiça Restaurativa.

14 × 21 cm. - 304 págs.
Disponível em e-book.